Gütersloher Taschenbücher/Siebenstern 1427

Pinchas Lapide

Jesus – ein gekreuzigter Pharisäer?

Gütersloher Verlagshaus
Gerd Mohn

Originalausgabe

CIP-Titelaufnahme der Deutschen Bibliothek

Lapide, Pinchas:
Jesus – ein gekreuzigter Pharisäer? / Pinchas Lapide. –
Gütersloh : Gütersloher Verl.-Haus Mohn, 1990
(Gütersloher Taschenbücher Siebenstern ; 1427)
ISBN 3-579-01427-7
NE: GT

ISBN 3-579-01427-7

© Gütersloher Verlagshaus Gerd Mohn, Gütersloh 1990

Das Werk einschließlich aller seiner Teile ist urheberrechtlich geschützt. Jede Verwertung außerhalb der engen Grenzen des Urheberrechtsgesetzes ist ohne Zustimmung des Verlages unzulässig und strafbar. Das gilt insbesondere für Vervielfältigungen, Übersetzungen, Mikroverfilmungen und die Einspeicherung und Verarbeitung in elektronischen Systemen.

Umschlaggestaltung:
Dieter Rehder, Kelmis/Belgien, unter Verwendung des Gemäldes
»Der rote Christus« von Lovis Corinth (1922)
Foto: Joachim Blauel, ARTOTHEK
Gesamtherstellung: Clausen & Bosse, Leck
Printed in Germany

Inhalt

Vorbemerkung 7

I. Christen und Juden heute. Hinführung zum Dialog 9

Der Pharisäer Jesus und das »Gesetz« 11

Der Streit um den Messias 28

Der Holocaust und der Staat Israel 39

Das jüdische Gottesverständnis nach Auschwitz 51

II. Anstößige Korrespondenz 67

An Judas Iskariot 69

An Maria 79

An einen Pharisäer 89

An Paulus von Tarsus 97

III. Des Pudels Kern ... 107

War Jesus ein Rebell? 109

Vorbemerkung

Im Sommersemester 1989 hielt ich an der Eberhard-Karls-Universität in Tübingen im Rahmen des Studium Generale unter dem übergreifenden Thema »Christen und Juden heute. Hinführung zum Dialog« vier Vorträge, die im ersten Teil des vorliegenden Buches wiedergegeben sind. Sie wurden für diese Veröffentlichung von mir leicht überarbeitet und um den Beitrag »War Jesus ein Rebell?« sinnvoll ergänzt. Parallel zu der von mir vertretenen Position hielt Prof. Dr. Hans Küng aus christlich-theologischer Sicht inhaltlich entsprechende Vorträge. Diese spannende ökumenische und interreligiöse Zusammenarbeit mit meinem katholischen Kollegen hat mir eine besondere Freude bereitet. Wegen der fest anberaumten Redezeiten dieser Vorlesungen kamen insbesondere vier wichtige neutestamentliche Persönlichkeiten, die einen erheblichen Einfluß auf die christlich-jüdischen Beziehungen ausüb(t)en, zu kurz: Judas Iskariot, Maria, der Pharisäer und Paulus von Tarsus. Deshalb habe ich diesen neutestamentlichen Gestalten jeweils einen offenen Brief in diesem Buch gewidmet.

Der Autor

I.
Christen und Juden heute
Hinführung zum Dialog

Der Pharisäer Jesus und das »Gesetz«

Diese Gedanken müßten meiner Meinung nach eigentlich am 23. Mai vorgetragen werden: dem Tag des Grundgesetzes. Wenn ich die einmütige Hochachtung aller Parteien vor diesem Eckstein der Demokratie beobachte, bin ich eigentlich schon beim Kern unseres Themas – nämlich dem Rätsel, warum so viele christliche Theologen in der Vergangenheit und zum Teil auch in der Gegenwart »das Gesetz«, und zwar das sogenannte »Alte Testament«, als lästig, als schwer, formalistisch, ja sogar als überflüssig fanden und noch immer finden. Stellvertretend für viele sei hier Romano Guardini zitiert: »So ist aus dem Bunde, der in Glaube und Gnade wurzelte ... ein verbriefter Vertrag mit Recht und Anspruch geworden ... Im Grunde handelt es sich beim Gesetz um Heuchelei: *Außen* hochentwickelte Gewissenhaftigkeit, *innen* Härte des Herzens, *außen* Gesetzestreue, *innen* Sünde« (»Der Herr«, Würzburg 1964, S. 194). Ähnlich schreibt Heinrich Schlier: »Das Gesetz ist für die Juden eine Schlinge geworden, in der sie sich verfangen haben« (»Die Zeit der Kirche«, 1962, S. 46). Hanna Wolff geht noch weiter. Indem sie behauptet, daß das Gottesbild Jesu »mit dem Alten Testament absolut unvereinbar sei«, da es »zu einem krankmachenden Gottesbild führe«, plädiert sie für die baldige »Rückgabe des Alten Testaments an die Juden, deren Eigentum es ja ist« (Neuer Wein – Alte Schläuche, 1981, S. 189).

Ähnliche Äußerungen von vielen namhaften Theologen und anderen Zeitgenossen gibt es zur Genüge. Fragt man Christen aller Schattierungen, welche theologische Assoziation sie auf Anhieb mit dem Judentum verbinden, so erhält man häufig eine eindrucksvolle Reihe von Antworten wie etwa: Gesetzeszwang, Legalismus, Lohnsucht, Werkgerechtigkeit, Gesetzlichkeit und anderes mehr. Auf die Rückfrage, woher sie denn diese Blütenlese von Klischees ergattert hätten, weisen die meisten auf ihre Lehrbücher hin, wie wir oben schon etliche zitiert haben. Es muß an dieser Stelle grundsätzlich angemerkt werden, daß die meisten dieser Theologen den Talmud weder im Original noch in einer

Übersetzung gründlich studiert haben und häufig nach Vorurteilen und Hörensagen urteilen.

So abschätzig wird heute bei vielen Christen noch immer der Umgang der Juden mit ihrem sogenannten »Gesetz« geschildert, gelehrt und gepredigt – ungeachtet jahrhundertealter Beteuerungen, daß dieses »Gesetz« für gläubige Juden keine Last, sondern eine Freude ist; ungeachtet dessen, daß die ganze Geschichte des Judentums eine einzige Bewahrung durch eben diese Tora ist; ungeachtet auch dessen, daß nach normativem jüdischen Selbstverständnis das Leben mit der Tora *nicht* die Gnade Gottes zu erwerben sucht, sondern aus Dankbarkeit für Gottes Zuwendung geschieht. Kann doch seine Gnade weder verdient noch erworben werden, wohl aber erbetet und erhofft.

Ich kann mich nicht des Eindrucks erwehren, daß kirchliche Polemik gegen die angeblich erbarmungslose »jüdische Gesetzlichkeit« nur allzu oft dazu dient, Gesetzlichkeiten im eigenen Hause zu verdecken. Denn an Gesetzen fehlt es ja in den Kirchen keineswegs, kann und darf es auch nicht fehlen, da keine menschliche Institution ohne Satzungen und Bestimmungen auszukommen vermag. Daß ganz in diesem Sinne – jedoch im Gegensatz zum Volksglauben – die Kirchenleitungen auf ihre Gesetze angewiesen sind, lernen wir u. a. aus dem Fall des Präsidenten der Bayerischen Landessynode, Karl Burkhardt, der nach vierundzwanzigjähriger Amtszeit 1983 aus seinem Amt ausschied und dabei äußerte: »Gegängelt, eingeengt und von freien Mitentscheidungen abgedrängt fühlen sich viele evangelische Kirchenparlamentarier in Bayern durch die wachsende Anzahl kirchlicher Gesetze und Verordnungen« (Weg und Wahrheit, 20.11.83). Aus vergleichbaren Gründen, wegen der Last der eigenen Kirchengesetze, trat unlängst Karl Theodor Schäfer, ein Oberkirchenrat aus der Badischen Landeskirche, in den Ruhestand. Eine ähnliche Fülle von Gesetzlichkeiten im katholischen Bereich wie z. B. im Zusammenhang mit *Humanae Vitae*, Empfängnisverhütungsmethoden und der Streit um Bischofsernennungen wurde ja vor nicht allzu langer Zeit in der Presse breitgewälzt.

Doch was bedeutet eigentlich »Das Gesetz« in der Originalfassung der Hebräischen Bibel? Seit der Sinai-Offenbarung heißt es die *Tora*, zu deutsch *Die Weisung* oder *Die Lehre*. Sie enthält in den Fünf Büchern Moses rein quantitativ *viel mehr* an Verheißungen, narrativer Theologie, Heilsgeschichte und Ethos als eigentliche Gesetze, die angeblich zum »unfruchtbaren Legalismus« oder zum »trockenen Formalismus« führen müssen. In seiner griechischen Übersetzung wurde der Begriff der Tora zweckentfremdend auf »Nomos« eingeengt und hierauf im Zuge der Christianisierung des Abendlandes als »Das Gesetz« in alle Sprachen Europas übersetzt. Das ist jedoch grundfalsch, sowohl sprachlich als auch inhaltlich. Im Grunde genommen ist die Tora vor allem und hauptsächlich »Evangelium« – allerdings im ursprünglichen Sinne dieses Wortes: Die Frohbotschaft von der Liebe Gottes und der Freiheit aller Adamskinder.

Freiheit jedoch *ohne* Satzungen führt zur Anarchie und zur Selbstversklavung an alles Triebhafte und Tierische, das in jedem Menschenherzen giert und gärt.

In diesem Zusammenhang möchte ich auch das alte Klischee von den *613* Ge- und Verboten, die den gläubigen Juden angeblich in eine Zwangsjacke von Legalismen zwängen, unter die Lupe nehmen. Beim genauen Lesen der Bibel ist festzustellen, daß es sich hier um eine Großzahl von Bestimmungen handelt, die an die Landwirtschaft des Landes Israel gebunden sind wie z. B. der Zehnte verschiedener Arten, das Sabbatjahr, das Jobeljahr, Anordnungen für den Umgang mit Arbeitstieren etc. – also Bestimmungen, die ganz pragmatisch *nur* im Lande Israel Geltung hatten oder haben.

Ein Teil von diesen sowie eine weitere Anzahl von Satzungen, die den Tempeldienst betreffen sowie den Opferdienst, sind seit der Tempelzerstörung im Jahr 70 hinfällig geworden. Es dürfte inzwischen allgemein bekannt sein, daß es den Juden nach talmudischer Weisung untersagt ist, den Dritten Tempel von Menschenhand aufzubauen, *bevor* der Messias kommt. (Dieses Verbot kann man insbesondere in unseren Tagen schätzen, wenn man bedenkt, wieviel Blutvergießen und Krieg es schon verhindert hat.) Eine weitere Anzahl der *Tarjag* (= 613) sind längst umgedeutet worden, ganz im Sinne der Tora, auf daß künftige Generationen mit ihnen leben können. So z. B. ist die in der Tora gestattete Polygamie längst verboten worden, ebenso auch die Sklavenhaltung, die bei Juden Jahrhunderte vor jeder christlichen Sklavenbefreiung verboten worden ist. An weiteren Beispielen dieser Art fehlt es nicht.

Daß die *Halacha*, d. h. die Tora-Auslegung seit Moses – der selbst der erste Tora-Ausleger war –, immer dynamisch und flexibel war, läßt sich leicht erweisen. Durch die Verfolgungen der jüdischen Gemeinden in ganz Europa seit tausend Jahren waren die Rabbinen natürlich um eine Überlebensstrategie ihrer Gemeinden bemüht, und die Freiheit der Interpretation mußte so dem Lebenskampf weichen. Es besteht aber die Hoffnung, daß die ursprüngliche exegetische Dynamik, mit Erreichung des Friedens in Israel – wenn auch nach hartem inneren Ringen – wiedergewonnen wird. Ganz unabhängig davon gab es immer Rabbinen, die ihre Lehre auf eine Quintessenz von einem, zwei oder drei sog. »vornehmsten Geboten« komprimierten, ohne dabei auf irgendeines der anderen Gebote zu verzichten. Drei Beispiele mögen dies erhellen: Die Aussage von Rabbi Simon Ben Gamaliel: »Um dreier Dinge willen besteht die Welt: die Wahrheit, die Gerechtigkeit und der Frieden.«

Simon der Gerechte hingegen subsumierte seine Lehre auf drei Pfeilern: Tora, Gottesdienst und praktizierte Nächstenliebe. Rabbi Akiba hatte nur einen Schlüsselsatz: »Liebe Deinen Nächsten wie Dich selbst!« Das hinderte ihn keineswegs daran, alle Ge- und Verbote aufs genaueste zu befolgen, und als die Römer ihm dies untersagten, war er bereit, den Märtyrertod auf sich zu nehmen, um kein Jota der Tora zu verletzen. Die Liste solcher Komprimierungen erweist eine schillernde Vielfalt von Tora-Auffassungen.

Dies führt zu Rabbi Jesus von Nazaret, der ebenfalls seine Quintessenz der Tora formulierte: »Du sollst den Herrn, deinen Gott lieben von ganzem Herzen ... und: Du sollst deinen Nächsten lieben wie dich selbst« (Mk 12,29 ff.). Also: zwei wörtliche Zitate aus der Tora, die er zur großen Doppelliebe zusammenschweißte. Daß er dabei – genau wie seine rabbinischen Lehrkollegen – *nichts* in der Tora abschaffen, vernachlässigen oder relativieren wollte, ergeht aus seiner Grundsatzaussage zu Anfang der Bergpredigt: »Wahrlich, ich sage Euch: Bis Himmel und Erde vergehen, wird nicht ein Jota oder ein Tüpfelchen von der Tora vergehen« (Mt 5,18). Bestätigung für diese *radikale* Bejahung der Tora in ihrer Ganzheit finden wir u. a. auch in Mt 23,23, wo wir erfahren, daß Jesus nicht einmal bereit war, auf die Verzehntung von Schrebergarten-Gewürzen wie Dill, Minze und Kümmel zu verzichten, was in der Tat eine Geringfügigkeit gewesen wäre.

Die Tora können allerdings nur Freie oder Befreite auf sich nehmen; Sklaven, die irdischen Herren unterworfen sind, sind dazu meist nicht in der Lage. Daher wird die Geschichte Israels von einem Dreier-Rhythmus geprägt:
– Auszug aus der Knechtschaft
– Die freiwillige Akzeptanz der Tora am Sinai
– Der Einzug in die Freiheit.

Das ist die dreistufige »Befreiungstheologie« der Bibel. Dieser Dreiertakt hat viele Völker in ihrem Befreiungskampf inspiriert bis zur heutigen *Theologie der Befreiung* in der dritten Welt. Hierbei stoßen wir auf einen weiteren, im christlich-jüdischen Verhältnis oft so mißverstandenen Begriff: *die Erwählung*. Christen haben sie seit eh und je als elitären Selbstruhm gedeutet, der die Juden sozusagen zu den Günstlingen Gottes erheben will, ja, zu seinen angeblichen Vorzugsschülern macht. Im jüdischen Selbstverständnis aber geht es dabei *nicht* um eine Gabe, sondern um eine Aufgabe; *nicht* um einen Vertrag, sondern um einen Auftrag; und *nicht* um Würde, sondern um eine Bürde. Da auch diese Fehldeutung bis auf den heutigen Tag viel Mißgunst und Vorurteil in breiten christlichen Volksschichten hervorruft, sollte es unser aller Anliegen sein, auch hier aufzuklären und richtigzustellen.

Eine andere Fehldeutung ist die angebliche Priorität des Evangeliums vor aller Gesetzlichkeit, die zu jenem fast mythologischen Dualismus von »Gesetz und Evangelium« als zwei verschiedenen Varianten des Wortes Gottes geführt hat. Ein neues, vertieftes Verständnis der Tora konnte Karl Barth anno 1935 dazu führen, in seiner Schrift »Evangelium und Gesetz« die traditionelle christliche Aufeinanderfolge umzuordnen. »Das Gesetz ist der offenbare Wille Gottes«, so schreibt er und fährt dann fort: »Was bedeutet denn ... das erste Gebot, wenn nicht das Evangelium von der Liebe Gottes?« So lesen wir auch bei Dietrich Bonhoeffer: »Nur wenn man das Gesetz Gottes über sich gelten läßt, darf man wohl auch einmal von Gnade sprechen.« Dies entspricht der jüdischen Auffassung, der gemäß Liebe und Gesetz keinen Gegensatz darstellen, sondern ganz im Gegenteil eine theologische Harmonie sind. Schließlich sind wir seit Gottes Wort an Abraham: »*Wandle* vor mir und sei *ganz*!« (Gen 17,1) *die Freigelassenen* der Schöpfung, die das Gesetz entweder erfüllen oder ablehnen können – in beiden Fällen aber bereit sein müssen, die Folgen zu tragen. Luthers Übersetzung »fromm« anstatt »ganz« führt hier sehr in die Irre. Ein ebenso folgenreicher Übersetzungsfehler ist die Begrifflichkeit »Die Zehn Gebote«. Auf hebräisch sind es die *Asseret Hadibrot*, also *Das Zehnwort Gottes*, wie es im Begriff *Dekalog* zu Wort kommt und die Grundlage der Bergpredigt bildet.

Beide Testamente der Bibel kennen mit orientalischem Temperament Scheltreden, Verfluchungen, erzieherische Strafandrohungen, Gebete um Vergeltung und Feindschaft für das Böse; andererseits aber betonen *beide* Testamente *die Liebe Gottes*, die Hoffnung auf seine Gnade, die Möglichkeit der Buße und Umkehr und die Zuversicht auf Vergebung der Sünden. *Beide* schließen mit der Erwartung des messianischen Heils. Es ist daher an der Zeit, in der christlichen Verkündigung und in der Alltagssprache von einer völlig unangemessenen künstlichen Dichotomie Abschied zu nehmen, die das AT und das NT fein säuberlich auseinanderdividiert – als separate Bereiche eines alten »Rachegottes« und des christlichen »Liebesgottes«. Entsprechende Zitate zur Gnade, Liebe und Barmherzigkeit im Alten Testament sowie zur Strafe und zum strengen Gericht im Neuen Testament sollten allen Bibellesern bekannt sein. Genügt es, auf so manche schöne Kathedrale hinzuweisen, auf deren Portalen ein furchterregender, steinerner Jesus thront, der »kommen wird, zu richten die Lebenden und die Toten«?

Doch ich will auf das zentrale Thema dieses Kapitels zurückkommen. Hierbei drängt sich die Frage auf: Zwischen wem eigentlich gibt es einen Konflikt? Handelt es sich etwa um den des Mose mit seinem aufmüpfigen Volk in der Wüste? Oder denjenigen des Nordreiches Israel mit dem Südreich Jehuda, mit ihren verschiedenen Kultstätten wie Beth-El, Schilo, Tirza und andere versus Jerusalem? Oder etwa den Konflikt des Esra mit den Samaritanern in Schichem, die nur die sechs ersten Bücher der Bibel anerkennen? Oder vielleicht den Konflikt zwischen Pharisäern, Sadduzäern, Essenern, Zeloten und anderen um die Zeitenwende? Oder soll es um die Streitgespräche der Schulhäupter wie z. B. Hillel und Schammai kurz vor Jesu Lebzeiten oder Schmaja und Awtalion oder Akiba und Jischmael gehen? Doch das alles wäre nur die Spitze des Eisberges. Die Palette reicht bis in unsere Tage hinein: vom Karäerzwist über den Konflikt zwischen Chassidim und Mitnagdim und den chassidischen Schulen untereinander. Ja sogar der Maimonides war zu seinen Lebzeiten sehr umstritten, was mir armem Epigonen manchmal zum Trost gereicht. Ebenso bekannt dürfte der heutige scharfe Konflikt zwischen den Strömungen der Reformbewegung, der Reconstructionists, den Conservatives und der schillernden Vielfalt der Orthodoxie im gegenwärtigen Judentum sein. Und all diese internen Kontroversen um das Gesetz und seine Auslegung fanden meistens trotz Anfeindungen von außen statt. Und sie erinnern anschaulich daran, daß das sogenannte Gesetz *nie* aufgehört hat, sich lebendig weiterzuentfalten, und schon deshalb ein gewaltiger Zündstoff ist und bleibt.

Hiermit komme ich wie von selbst zum angeblichen Konflikt zwischen Jesus und den Pharisäern – um nicht gar mit Johannes zu sprechen: »Mit den *Juden*«, was bei so manchen Christen zur Klischeevorstellung führt: Einer gegen Alle, also: Jesus gegen *alle* Juden. Wer aber waren die Pharisäer, und was war ihre Lehrmethode? Ich will es wie Rabbi Jesus tun und mit einer Parabel antworten:

Einst debattierten die pharisäischen Rabbinen leidenschaftlich um ein Problem in der Tora. Rabbi Elieser brachte viele Argumente vor, um seinen Standpunkt zu beweisen. Doch die anderen Rabbinen ließen sich nicht überzeugen. Da sprach Rabbi Elieser:

»Selbst dieser Johannisbrotbaum hier vor dem Fenster kann bezeugen, daß die Entscheidung so ausfallen muß, wie ich es behaupte.« Da rückte der Johannisbrotbaum 100 Ellen von seinem Orte fort. Doch die anderen Rabbinen sagten: »Von einem Johannisbrotbaum läßt sich kein Beweis erbringen!« Nun sprach Rabbi Elieser: »Wenn die Entscheidung so sein muß, wie ich behaupte, dann soll es der Wasserkanal hier bezeugen!« Da fing das Wasser im Kanal an, bergauf zu fließen. Doch die anderen Rabbinen erwiderten: »Ein Wasserkanal kann nicht als Beweis dienen!« Wiederum sprach Rabbi Elieser: »Es sollen die Wände des Lehrhauses beweisen, daß ich recht habe!« Da fingen die Wände an einzustürzen. Aber Rabbi Jehoschua schrie sie an und sagte: »Was geht es euch Wände an, wenn die Weisen über einen Punkt in der Tora debattieren?« Die Wände sind hierauf nicht gestürzt, aus Respekt vor Rabbi Jehoschua; aber aus Respekt vor Rabbi Elieser haben sie sich auch nicht völlig aufgerichtet. Rabbi Elieser, der Verzweiflung nahe, schrie jetzt auf: »Wenn die Halacha so sein soll, wie ich es behaupte, so mögen sie es aus dem Himmel bezeugen!« Da erscholl eine Himmelsstimme, die da sprach: »Was wollt Ihr denn von Rabbi Elieser? Die Entscheidung ist doch so, wie er behauptet!« Da sprang Rabbi Jehoschua auf und rief: »Sie ist nicht im Himmel!« Was aber bedeutet dieses Zitat aus Dt 30,12? Rabbi Jeremia erklärt: »Die Tora wurde ja schon auf dem Sinai uns verliehen. Wir brauchen uns daher nicht weiter um himmlische Stimmen zu kümmern. Schließlich enthält ja die Tora das Prinzip, nach der Mehrheit zu entscheiden (Ex 23,2), und das ist es, was wir hier tun.«

An jenem Tage, so lesen wir weiter, traf Rabbi Nathan den Propheten Elia und befragte ihn: »Was tat unser himmlischer Vater zu jener Stunde?« Da antwortete der Prophet: »Gott hat gelächelt und gesagt: Meine Kinder haben mich besiegt. ...« (BM 59b).

Gottes Lächeln, so will uns diese Erzählung aus dem Talmud belehren, enthält eine zwiefache Lektion: Sie ist sowohl ein heilsamer Dämpfer gegen jegliche Wundersucht als auch eine Bestätigung für die Auslegungskompetenz der Rabbinen in der Mischna und im Talmud.

Die sogenannte *mündliche Lehre*, von der hier die Rede ist, wird im orthodoxen Judentum der schriftlichen Tora gleichgestellt. Um das Jahr 200 der christl. Zeitrechnung wurde die Mischna, vermutlich wegen der Vertreibung der Juden in alle Welt, niedergeschrieben, nachdem sie jahrhundertelang mündlich überliefert worden war, und wurde hiermit quasi zu einem »portablen Vaterland«. Auch weiterhin blieb sie Gegenstand heftiger Diskussionen, aus denen sich letztlich die endgültige Version des Talmuds herauskristallisierte, der um das Jahr 500 kodifiziert wurde. Bemerkenswert dabei ist, daß auch die Minderheitsvoten bis auf den heutigen Tag tradiert und studiert werden. Ausgangspunkte dieser Lehrgespräche – nicht Streitgespräche! – liefert die Tora selbst: Erstens: »Mose fing an, die Tora auszulegen« (Dt 1,5). Zweitens: Wir lesen in Dt 17,8ff. folgende Weisung: »Wenn dir ein Problem zu schwer sein wird, so geh zu dem Richter, der zu jener Zeit sein wird, und befrage ihn. Er wird dir die Auslegung sagen, und du sollst tun nach dem, was er dir sagen wird.« Dieser Auftrag zur stetigen Interpretation »um des Lebens willen« in sich stetig verändernden Umständen hat die Tora bis heute vor theologischer »Arterienverkalkung« bewahrt. Mit dem Wort »Richter« ist hier natürlich der Rabbiner gemeint, der keineswegs ein Priester im christlichen Sinn des Wortes ist.

Zurück zu den Pharisäern! Sie waren Toragelehrte, die zur Volkspartei der armen Leute gehörten. Ihre Auslegungen im Rahmen der mündlichen Tradition waren bemüht, ein toragetreues Leben in einer sich stets verändernden Gesellschaft der Verstädterung zu ermöglichen. Insbesondere war das Volk auf ihre geistige Führung angewiesen, da es unter dem brutalen Besatzungsjoch der Römer zu leiden hatte. Die Lehrgespräche dieser Pharisäer – im Neuen Testament als »Streitgespräche« verrufen – fanden innerhalb von sieben Schulen statt, die sich in ihrer Methotik unterschieden und gelegentlich scharfe Debatten miteinander führten. Rabbi Jesus hatte natürlich – wie so manche Leuchte der Pharisäer – sein eigenes Sondergut, womit er jedoch keineswegs die Grenzen des Judentums je überschritten hat. Andererseits verwalteten die etlichen Dutzend *Sadduzäerfamilien* in Jerusalem den Tempelkult als eine Art von Kuria, sie kollaborierten häufig mit den Römern und weigerten sich, die pharisäische Halacha zu akzeptieren. Über die *Essener* sind wir Dank der Funde in Qumran und anderer jüdischer Quellen recht gut informiert. Wir finden zwar versteckte essenische Einflüsse im Neuen Testament, müssen aber betonen, daß sich ihre Lehren im normativen Judentum nicht niedergeschlagen haben. *Die Zeloten*, deren Spuren ebenfalls im Neuen Testament nachhallen, widmeten ihre Lehre und ihr Leben dem Widerstand gegen die Römer mit dem Ziel der Befreiung Israels.

Jesus gehörte nach meinem Verständnis seiner Lehre zu den sogenannten *Liebespharisäern*, die im Talmud als die beste der sieben Schulen gepriesen werden. »Liebespharisäer« waren im wesentlichen von der Liebe zu Gott und zum Mitmenschen motiviert, was sich in all ihren Taten widerspiegelte. In ihrem Sinne waren und sind bis heute Heilungen und Behandlungen von Kranken in akuten oder schmerzlichen Fällen am Sabbat nicht nur erlaubt, sondern vielmehr geboten.

In den Lehrgesprächen Jesu mit seinen pharisäischen Kollegen geht es häufig um sekundäre Fragen wie etwa das Händewaschen oder das Fasten (Mt 9,14ff.) (das damals teilweise erst neu eingeführt wurde) sowie um das *Ährenreiben* – nicht das *Ährenraufen*! – am Sabbat, zwecks Hungerstillung auf der Flucht. Hieraus folgt ganz eindeutig, daß man sich über Primärfragen einig war wie etwa die Frage nach dem *Schma*-Israel, *als das* Bekenntnis von ganz Israel, die zentrale Stellung der Nächstenliebe und die intensive Naherwartung des Himmelreiches. Hätte es zwischen Jesus, seinen rabbinischen Kollegen und der jüdischen Bevölkerung von Galiläa einen *prinzipiellen Dissens* gegeben, hätte man ihn wohl kaum »in allen ihren Synagogen« Woche für Woche beten, Tora vorlesen und predigen lassen, wie die Evangelien es nicht weniger als zwölfmal betonen.

Jesu antisadduzäische Position in Kernfragen wie z. B. der Auferstehung (Mt 22), der Kaisersteuer (Mt 22,15ff.), die durch eine Fehlübersetzung jahrhundertelang ihrer Pointe beraubt worden war, sowie die Parabel von den bösen Weingärtnern (Mt 21,33ff.) und vieles andere wie etwa der hillelartige Spruch »Mein Joch ist sanft und meine Last ist leicht!« (Mt 11,30) – sie alle erinnern an Stellungnahmen innerhalb der sieben Pharisäerschulen. In den Evangelien fehlt es nicht an Bezeugungen kollegialer Solidarität seitens vieler Pharisäer gegenüber dem von den Römern verfolgten Jesus. Stellvertretend für viele sei erwähnt: die pharisäischen Lebensretter Jesu vor den Nachstellungen des Herodes (Lk 13,31) und die pharisäischen Frauen von Jerusalem, die ihm am Kreuzweg Beistand leisteten und mit ihm bis zum Ende ausharrten; nicht vergessen werden sollten Nikodemus, Joseph von Arimathäa und Rabban Gamaliel, die zu den Häuptern der Pharisäer gehörten und zu Jesu Freunden zählten.

Es ist bekannt, daß die neutestamentlichen Endredaktoren bei der Niederschrift der Evangelien gegen Ende des ersten Jahrhunderts, d. h. nach der Zerstörung Jerusalems und der Vertreibung der Juden in alle Winde, keine Sadduzäer mehr (also die ursprünglichen Gegner Jesu) vorfanden und daher ihre eigenen Gegner (also die Pharisäer) zu Gegnern Jesu hochstilisierten. Auf die damit zusammenhängende Geschichte der Trennung der Kirche von der Synagoge, ihrer theologischen Verselbständigung sowie der Apotheose Jesu und anderer dogmatischer Entwicklungen einschließlich der Deutungen seiner freiwilligen Passion und seinem stellvertretenden Sühneleiden kann ich leider an dieser Stelle nicht näher eingehen und greife sie in einem anderen Kontext auf.

Es scheint mir hierbei sinnvoll, die recht ambivalente Einstellung zum »Gesetz« des Rabbi Schaul von Tarsus in der notwendigen Kürze anzusprechen. Er war ja »um des Gesetzes willen« im Dauerkonflikt mit der Mutterkirche in Jerusalem, die bis zum Schluß innerhalb ihres gebürtigen Judentums verblieben war; ebenso war er im Clinch mit den herkömmlichen Schulen des Judentums und nicht zuletzt im Streit mit Konkurrenzaposteln in Galatien und in anderen jungen Gemeinden. So kann er einerseits sein eigenes Torastudium als »Kot« (Skybala) bezeichnen (Phil 3,8), aber andererseits betonen, daß das Gesetz »heilig« und das Gebot »heilig, gerecht und gut« sei (Röm 7,11). Seine 119 Nomos-Erwähnungen strotzen in der Tat von Aporien und Selbstwidersprüchen. Nicht von ungefähr klagt der 2. Petrusbrief, daß »so manches in den Briefen des Paulus schwer verständlich ist« (2 Petr 3,16), was sich mit Sicherheit auch auf dessen zwiespältige Einstellung zur Tora beziehen dürfte.

Um auf die Tora-Frömmigkeit des heutigen Judentums zurückzukommen, möchte ich eine weitere talmudische Parabel erzählen:

»Als Mosche auf den Sinai stieg, um die Tora zu empfangen, fand er Gott damit beschäftigt, kleine Krönchen an den Buchstaben der Tora zu befestigen (oder Häkchen, wie später Luther ungenau übersetzte). Da fragte Mosche: Herr der Welt, wozu sind diese nötig? Gott antwortete: Am Ende von vielen Generationen wird es einmal einen Mann geben, namens Akiba Ben Joseph, der aufgrund eines jeden Buchstabens Hügel und Berge von Gesetzeslehre auslegen wird. Da bat Mosche: Herr der Welt, laß mich ihn sehen!

Dreh dich um! sprach Gott. Da wurde Mosche in die Jeschiwa des Rabbi Akiba versetzt und setzte sich stillschweigend und aus Bescheidenheit hinter die achte Reihe von Akibas Schülern, um dem Lehrvortrag zuzuhören. Aber trotz größter Aufmerksamkeit verstand er von dem, was da gelehrt wurde, so gut wie nichts und war darüber sehr bestürzt. Als Rabbi Akiba dann zu einem umstrittenen Punkt gelangte, fragten die Schüler ihren Meister: Woher weißt du das?

Worauf Akiba mit der alten Formel der Talmudmeister antwortete: Dies ist eine Lehre, die dem Mosche am Sinai gegeben worden ist.

Als Mosche diesen Schlußsatz hörte, lächelte er und lehnte sich beruhigt zurück.« (Menachot 29b)

Wahrscheinlich würde Mosche sich heutzutage ähnlich fühlen in den vielen kleinen »Stieblach« der Talmudisten von Mea Schearim in Jerusalem oder in den Wolkenkratzern der jüdischen Reformbewegung in New-York. Die Parabel von Mosche und Akiba lehrt im übrigen gar vieles: Einerseits warnt sie vor jeglicher Überinterpretation der Tora und Hineinlesung in den Bibeltext; andererseits ermutigt sie uns, uns auch weiterhin mit dem Toratext zu befassen und ihn immer wieder zu hinterfragen. Genau dies tun alle Strömungen im heutigen Judentum.

Zu dem vielfältigen Zugang des heutigen Judentums zur Tora und dem oft scharfen Konflikt um die Auslegung wäre noch viel zu sagen. Angedeutet sei hier nur, daß die Orthodoxie im allgemeinen am Erbe ihrer Väter *unverändert* festhält, den veränderten Umständen zum Trotz, mit vielen Nuancen von Unterschieden zwischen den mannigfaltigen Schulen.

Da leider die großen rabbinischen Schulen mitsamt ihren berühmten Schulhäuptern im Holocaust untergegangen sind, fehlt es in den heutigen Gemeinden und Jeschiwot an gewachsenen Strukturen und erfahrenen Führungsgestalten, die sich den Aufgaben unserer Post-Holocaust-Zeit mit Verantwortung und Wissen stellen können.

Die Reformbewegung hingegen mit ihren vielen Zweigen und Ästen bezieht sich vor allem auf das *Ethos der Propheten* und versucht das Gesetz im Lichte der veränderten Lebensumstände unseres Jahrhunderts zu interpretieren, wobei sie so manche Halachot für sich abgeschafft hat. Man kann sich leicht vorstellen, daß sich dabei ein gewaltiger Konflikt um das Gesetz ergibt, wie er sich z. B. in den Grundfragen *Wer ist Jude?* und zugespitzt *Wer ist Rabbi?* manifestiert – und dies alles vor dem Hintergrund noch immer aktiver Anfeindungen und Vorurteilen von seiten der christlichen Umwelt.

Ich bin mit dem katholischen Theologen Hans Küng der Meinung, daß es in der Tat ohne echten Religionsfrieden keinen wahren Weltfrieden geben wird. Doch der Weg zu diesem Ziel ist noch recht lang und oft steinig. Vor Rückschritten sind wir dabei nicht gefeit, wie folgende Begebenheit erhellt: 1988 grüßte der Ratsvorsitzende der EKD Bischof Martin Kurse die Muslime in der Bundesrepublik zu Ende des Fastenmonats Ramadan mit folgenden Worten: »In der gemeinsamen Verantwortung sollten wir uns dafür einsetzen, daß Gottes Name geehrt werde.« Das aber brachte ihm scheinbar scharfe Kritik aus dem eigenen Lager ein wegen angeblicher Vermischung von Christentum und Islam. Daher schreibt der Bischof in seinem Grußwort von 1989 an die Muslime: »Daß die Muslime nun ein Fest zu ihres Gottes Ehren feierten.« Dieser Rückschritt in der angestrebten Pan-Ökumene kann uns alle nur betrüben.

Von vielen traditionsbewußten Christen und jungen Leuten werde ich des öfteren auf verschiedene archaisch anmutende, angeblich rigoros einengende Bestimmungen im streng-orthodoxen Judentum angesprochen wie etwa das Lichtanknipsen am Sabbat, das Öffnen der Kühlschranktüre oder das Anzünden des Gasherdes beispielsweise, die am Sabbat verboten sind. Es ist wohl nicht nötig zu betonen, daß all dies nur im ultra-orthodoxen Judentum Geltung besitzt und überdies zum Privatleben jedes einzelnen gehört. Demgegenüber könnte jedoch andererseits auch die »naive« Frage gestellt werden, welchen Eindruck der christliche Gottesdienst auf dieselben Juden machen muß, wenn sich ein Stück Brot innerhalb von Sekunden in den Leib Christi verwandelt, oder was eben diese Juden von einem christlichen Gottesbild halten müssen, wobei Gott sich mit dem von ihm geschaffenen Menschen versöhnt, indem er seinen eingeborenen Sohn elendiglich an einem Römerkreuz verbluten läßt. Oder was müssen jene Juden von einer Religion denken, die ihrer geistigen Elite, den Priestern, durch eine unanfechtbare Zölibatbestimmung verbietet, in ihrer von Gott geschenkten Sexualität Erfüllung zu finden? Diese Liste von Rückfragen und Irritationen angesichts religiöser Traditionen auf beiden Seiten ließe sich beliebig fortsetzen. Ich bin jedoch der Auffassung, daß ein wirklicher Religionsdialog ein gerüttelt Maß an Einfühlsamkeit, Lernfähigkeit und Toleranz aufbringen sollte, um das dem anderen Heilige nicht polemisch oder selbstherrlich zu profanisieren bzw. herabzuwürdigen. In meinen jahrzehntelangen Bemühungen um gegenseitiges Verständnis habe ich stets versucht, niemals diese geistigen Grenzen zu überschreiten. So sind z. B. die *Unbefleckte Empfängnis*, die *Jungfrauengeburt* und der *Marienkult* für mich *kein* Thema der ernsthaften kritischen Debatte, sondern ich respektiere das Glaubensgut meines Gegenübers. Meiner Meinung nach liegt der allem interreligiösen Dissens zugrundeliegende Skandalon der Kirche vielmehr in der Tatsache, daß das Christentum die einzige Weltreligion ist, deren Stiftergestalt zeitlebens einer *anderen* Religion angehört hat, womit der Kirche das Bedürfnis der Selbstrechtfertigung und auch eine Portion von gelegentlichem Zweifel in die Wiege gelegt worden sind.

Auch tritt immer wieder die Frage an mich heran, ob außer Jesus je ein liberaler Pharisäer gekreuzigt worden sei. Ich stelle fest: Unter dem Regime von Pontius Pilatus allein waren es Tausende von Pharisäern, liberalen, weniger liberalen und auch zelotischen, die von den Römern gekreuzigt worden sind. Auch die beiden mit Jesus zugleich gekreuzigten sog. »Schächer« waren keineswegs *Räuber*, wie es zwei Evangelisten fälschlich behaupten, sondern Glaubenshelden, an denen die Römer zuerst *Rufmord* (als *Lestes*) und dann *Leibesmord* begangen haben. Da nach dem uns bekannten römischen Gesetz nur entlaufene Sklaven und antirömische Rebellen gekreuzigt wurden, waren sie also keine Räuber.

Kreuzigungen von »Rebellen« waren im Lande der Juden unter der Römerherrschaft nichts Außergewöhnliches. Zur Zeit der Geburt Jesu trieb Varus, der römische Statthalter von Syrien, alle Anhänger des Judas, des galiläischen Freiheitskämpfers, auseinander, zerstörte die Kreis-Stadt Zepphoris und ließ zweitausend Juden kreuzigen. Sieben Jahre später kam es unter dem Statthalter Quadratus wieder zu einer solchen Massenkreuzigung. Über den Prokurator Felix schreibt Josephus: »Die Zahl der von ihm gekreuzigten Widerstandskämpfer und der Einwohner, denen eine Verbindung mit diesen nachgewiesen wurde, stieg ins Ungeheuere« (Der Jüdische Krieg II, 253).

Unter den letzten drei Prokuratoren (um die Mitte des I. Jahrhunderts), nämlich Festus, Albinus und Florus, wandelte sich die Empörung vieler Juden über die römische Gewaltherrschaft wiederholt zum messianischen Aufruhr, den auch die als Abschreckung gemeinten Schau-Kreuzigungen von etlichen Tausenden von »Rebellen« nicht zu dämpfen vermochten.

Bei der Belagerung Jerusalems unter Titus wurden »an jedem Tag 500 und noch mehr jüdische Gefangene gegeißelt und auf jede Art gequält, und zuletzt im Angesicht der Stadtmauer ans Kreuz geschlagen«, wie Josephus Flavius berichtet (Der Jüdische Krieg V, 11,1-2).

Nach der Einnahme Jerusalems, so fährt er fort, »trieben die römischen Soldaten ihren Spott mit den jüdischen Gefangenen, indem sie jeden in einer anderen Stellung ans Kreuz nagelten, und bald fehlte es an Platz für die Kreuze und an Kreuzen für die Leiber; so viele waren es« (a. a. O.).

Bei den meisten dieser Märtyrer hat es sich um Angehörige der Volkspartei der Pharisäer gehandelt, wie jüdische Quellen berichten.

Es wird von Christen oft behauptet, wenn man sagt, daß »in Jesu Ende das Gesetz gesiegt hat«. Die Frage drängt sich nur auf: welches Gesetz? Das der Tora gewiß nicht, sondern offenkundig das *römische Gesetz*, nämlich die *lex Iulia maiestatis*, die den Rabbi Jesus besiegt und hingerichtet hat, womit auch Israel gedemütigt werden sollte, wie die Kreuzesinschrift *INRI* eindeutig bezeugt. Jeder Kenner der römischen Jurisprudenz weiß aber auch, daß Pilatus, dessen Grausamkeit ja auch im Neuen Testament belegt ist (Lk 13,1), Jesus *nicht* hätte verurteilen müssen, sondern ihn hätte entweder freisprechen oder begnadigen können.

Was mir immer wieder begegnet, ist das Mißverständnis, es handle sich bei der *Bergpredigt* Jesu um *Antithesen*. Im deutschen Sprachgebrauch müßte es dann etwa korrekt heißen: »Du sollst nicht töten ... Ich aber sage euch, daß das Töten erlaubt ist.« Das wäre in der Tat eine *echte* Antithese mit der ins Gegenteil verbundenen Behauptung bzw. Forderung. Doch steht das *so* in der Bergpredigt? Ich finde dort nur »Superthesen«, also *Tora-Verschärfungen* bzw. *-Zuspitzungen* wie z. B. folgende: »Ihr habt gehört ... du sollst nicht töten ... Ich aber sage euch: Wer seinen Bruder einen Narren nennt, der ist schon des höllischen Feuers schuldig!« (Mt 5,21 ff.). Die Vermutung, Jesus setze sich hier über die Tora hinweg, ist unbegründet, handelt es sich doch vielmehr um eine wesentliche *Tora-Vertiefung*. Seit wann aber ist eine solche Radikalisierung eines Gebotes seiner angeblichen »Aufhebung« gleichzusetzen? Verschärfungen dieser Art waren und sind noch immer ein durchaus übliches Argumentationsverfahren der Rabbinen heutzutage. Wenn andererseits gesagt wird, daß im Verbot des Schwörens Jesus direkt gegen die Tora stand, ist dem nur eine Aussage Jesu aus der Bergpredigt entgegenzuhalten, wo es heißt: »Ihr habt gehört: Du sollst keinen falschen Eid schwören ... Ich aber sage euch, daß ihr überhaupt nicht schwören sollt!« (Mt 5,33 ff.) Auch hier verschärft Rabbi Jesus wiederum, wie so manche Rabbinen es bis heute tun, eine mosaische Grundbestimmung ganz im Sinne der Tora, aber keineswegs gegen sie gerichtet. Viele orthodoxe Juden weigern sich bis heute (auch vor Gericht) zu schwören aus eben diesen Gründen der ethischen Radikalisierung.

Überdies wird von Christen behauptet, daß ein am Schandpfahl Hängender und damit auch Jesus als ein von Gott Verfluchter gemäß der Tora gelte. Im 5. Buch Mose allerdings heißt es: Killelath Ha-Schem Talui (Dt 23,21). Das bedeutet: Jeder am Holz Hängengelassene kommt einer *Verfluchung Gottes* gleich, weil jeder Mensch ein Ebenbild Gottes ist. Also nicht der *Gekreuzigte* ist von Gott verflucht, sondern ganz im Gegenteil: Das Hängenlassen am Kreuz ist eine Verfluchung Gottes, die es zu vermeiden oder zu verkürzen gilt. Deshalb beeilte sich Joseph von Arimathia, der Pharisäer, Jesu Leichnam so rasch wie möglich vom Kreuz abzunehmen und ihn zu bestatten. Der paulinischen und der dann nachfolgenden christlichen Fehldeutung gemäß wären viele Tausende von jüdischen Glaubenshelden, die *vor* Jesus, *mit* Jesus und auch *nach* Jesus von den Römern gekreuzigt wurden, als Gottverfluchte zu verachten, was jedoch im eklatanten Widerspruch zur jüdischen Tradition steht, die ihre so ermordeten Glaubenshelden als *Märtyrer* verehrt.

Zusammenfassend läßt sich an dieser Stelle festhalten:

Eine Diskussion über Herrn Jakob Cohen, der in Jerusalem sein Licht am Sabbat anknipst oder nicht oder über Herrn Fritz Müller in Altötting, der vor einer Marienstatue niederkniet oder nicht – all dies wird nach meiner Meinung nicht zu den zukunftsträchtigen Themen des christlich-jüdischen Dialogs beitragen, vor allem, solange noch so viel Wesentliches so gut wie unbefragt und von der kritischen Erörterung ausgespart bleibt:

1. die Gründe des Auseinandergehens der Wege zwischen Judentum, Urgemeinde und Kirche;
2. die Bezugnahme auf jüdische Quellen und Literatur aus dem zeitgenössischen Judentum zu Jesu Lebzeiten, um den historischen Jesus und seine Bewegung besser zu verstehen;

3. Fehlübersetzungen in den Evangelien, die bis heute für das christliche Selbstverständnis und sein Verhältnis zum Judentum gravierende Folgen haben.

Andererseits wären die echten großen Wasserscheiden zwischen Kirche und Synagoge wie *Inkarnation, Trinität, Auferstehung Jesu* und die *griechische Gottessohnschaft* vielversprechende Themen des Dialogs in der Zukunft. Auch hier gäbe es noch überraschende jüdische Spuren zu entdecken. Bevor wir Juden und Christen uns nicht kreativ verständigen können, wird auch der inter-monotheistische Dialog insgesamt kaum Fortschritte machen. Erst nach erlangter Eintracht in dieser Vielfalt können wir das große Ziel des Religionsfriedens mit *allen* Weltreligionen gemeinsam ins Auge fassen.

Der Streit um den Messias

Dieses Thema, das unsere beiden Religionen an einem empfindlichen Punkt unter jeweils unterschiedlichem Vorzeichen verbindet, könnte kaum aktueller sein. Beim heutigen Glaubensschwund wie Traditionsverlust und der Gefahr des Verlustes von religiöser wie kultureller Identität bei Juden wie Christen gleichermaßen kann eine Hinführung zum Zwiegespräch – aller legitimer Divergenzen zum Trotz – entscheidende neue Denkanstöße zu einer echten Glaubensversöhnung liefern. Insofern könnte vielleicht gerade Jeschua von Nazaret, einer der größten Söhne Israels, vom Graben der Trennung zu einer begehbaren Brücke der Verständigung zwischen uns werden.

»Glauben Juden *auch* an den Messias?« Diese Frage wird mir häufig in christlichen Kreisen gestellt. Nach jahrhundertelanger Verkündigung des kirchlichen Absolutsheitsanspruches und der christlichen »Enterbungslehre« Israels kann einen solch eine Frage nur wehmütig stimmen. Die Antwort lautet: Sicherlich!

Mehr noch: vom Judentum ausgehend hat die Messiaserwartung sowohl das Christentum als auch etliche Schulen im Islam mitgeprägt und »messianisiert«, wie man sagen könnte. *Maschiach* ist ein hebräischer Begriff, der viele Wandlungen erfahren hat, bis er zum Inbegriff des Erlösers wurde. Wie das messianische Zeitalter sich dereinst darstellen wird, kann man im Propheten Jesaia 2 und 11 nachlesen. Im normativen Judentum sind der Glaube und die Hoffnung auf das Kommen eines persönlichen Messias so stark verankert, daß sie zum integralen Bestandteil der täglichen Liturgie werden konnten.

Was beinhaltet der Messianismus als jüdische Grundlehre? Drei Aspekte charakterisieren ihn im wesentlichen:
1. Daß das Kommen des Messias für notwendig, besser gesagt: als not-wendend erachtet wird, widerspiegelt den leidgeprüften Pessimismus im Hinblick auf die menschliche Unfähigkeit, die prophetische Friedensvision durch eigene Kraft zu verwirklichen. Hiermit wird jegliche Selbsterlösung – von Lessing bis Karl Marx – vom Judentum eindeutig abgelehnt.
2. Zugleich aber beruht der Messianismus auf dem Fundament des theologischen Optimismus, der an der Zuversicht festhält, daß Gott dieser Welt dereinst die Erlösung schenken wird – unsere Mitarbeit am Heilswerk vorausgesetzt.
3. Zu diesen beiden Grundpfeilern gesellt sich die jüdische Hoffnungskraft, die, allem Leiden zum Trotz, an die Heilbarkeit dieser Welt glaubt – ganz im Sinne des Propheten Sacharia, der von uns als »den Gefangenen der Hoffnung« (9,12) spricht.

Wie stark der Messiasglaube im Judentum verankert ist, bezeugt u. a. das Gedicht jenes unbekannten Juden, das er, inmitten der Hölle des belagerten Warschauer Ghettos, an eine Wand gekritzelt hat:

Ich glaub', ich glaub', ich glaube
Unerschütterlich und fromm,
Daß der Messias komm.
An den Messias glaube ich.
Und wenn er auf sich warten läßt,

Glaub' ich darum nicht weniger fest.
Selbst wenn er länger zögert noch,
An den Messias glaub' ich doch.
Ich glaub', ich glaub', ich glaube.

Das Wort *Messias* ist ein hebräischer Begriff und meint *den Gesalbten*, der in der Frühgeschichte Israels zunächst den Priestern, dann den Königen und später den Befreiungshelden angeeignet wurde. In Mischna und Talmud erst wurde der *Maschiach* zum endzeitlichen Erlöser. Dort wird er u. a. auch als demütiger, leidender Schmerzensmann geschildert, der vor den Toren Roms unter den Bettlern sitzt und seine Wunden verbindet – in sehnlicher Erwartung seiner Stunde.

Im Judentum wird jedoch kein Erlöser überirdischer Herkunft erwartet, noch muß er von einer Jungfrau geboren werden oder von den Toten auferstanden sein. Letztlich kommt es nur darauf an, daß er das von den Propheten vorausgesagte Friedensreich auf Erden errichtet – was leider bis heute noch nicht geschehen ist, wie wir alle wissen.

Das Auftreten von Messiasprätendenten, ja, von falschen Messiassen ist im Judentum fast so alt wie die Hoffnung auf den wahren Verheißungsträger. Die akute Naherwartung auf das irdische Himmelreich, was der pharisäische Ausdruck für das Friedensreich der Propheten ist, führte im Judentum – insbesondere zu Notzeiten – wiederholt zu flammenden Befreiungsbewegungen gegen die Fremdherrschaft, die fast immer einen schweren Blutzoll forderten. Man meinte, dem Messias den Weg bereiten zu müssen, um seine Ankunft zu beschleunigen. So lesen wir bereits im Neuen Testament von *drei* solchen Männern, die von vielen ihrer Zeitgenossen als *Maschiach* empfangen wurden. Es handelt sich um den sogenannten *Ägypter* (Apg 21,38), um *Theudas* und ferner um *Judas Galiläus* (Apg 5,36f.), die allesamt – trotz des Aufruhrs, den sie anführten – letztlich wirkungslos aus der Geschichte verschwunden sind.

Von den neunzehn uns bekannten »Pseudo-Messiassen«, die quer durch die Jahrhunderte bis in unsere Tage Israel zu erlösen bestrebt waren – jeder auf seine Art –, möchte ich *Bar-Kochba* erwähnen, der vom großen Rabbi Akiba anno 132 öffentlich als Messias proklamiert wurde. Trotz anfänglicher Erfolge im Befreiungskampf gegen die römischen Unterdrücker war Bar-Kochba letztlich nicht erfolgreich und fiel von Römerhand. Rabbi Akiba hatte sich also geirrt, was aber nichts an seiner Größe als pharisäischer Rabbi gemindert hat. Auch er wurde von den Römern grausamst hingerichtet. Seit damals sind die Rabbinen sehr zurückhaltend mit mutmaßlichen Heilsbringern, da das breite Volk meist unter den tragischen Folgen messianischer Erhebungen zu leiden hatte. Dies ist auch einer der Gründe des rabbinischen Verbots, den Tempelberg in Jerusalem zu betreten, an das sich orthodoxe Juden bis heute halten.

Ging doch von diesem Brennpunkt so mancher messianische Aufstand wie ein Lauffeuer aus. Im übrigen gibt es heutzutage etliche christlich-evangelikale Gruppen, die den Wiederaufbau des Tempels durch den Staat Israel fördern möchten, um dadurch, wie sie meinen, die Wiederkunft Jesu zu beschleunigen. Und dies trotz der Warnung Jesu an seine Jünger, »die Zeit und Stunde« nicht zu bedrängen, die einzig und allein »Gott in seiner Macht hat« (Apg 1,7) – eine rabbinisch korrekte Äußerung.

Messianitis also heißt eine akute Entzündung der theologischen Hoffnungsdrüsen und blieb bisher größtenteils eine jüdische Anfälligkeit. So gab es im Mittelalter auch in Europa solche Erscheinungen wie z. B. Schabbatai Zwi, Jakob Frank, Reubeni, Fürst der Juden, Salomo Molcho und andere mehr. Alle hinterließen im Fahrwasser ihres Scheiterns weitverbreitete Resignation und langwährende Erschütterungen, die jedoch die *grundsätzliche* Messiaserwartung und die Hoffnung auf die volle Erlösung Israels nicht zu schmälern vermochten. Vielleicht waren diese Messiaswirren ein Grund für die jüdische Reformtheologie im 19. Jahrhundert, den Akzent der Hoffnung entpersonalisiert auf ein messianisches Zeitalter zu verlagern. Die jüdische Orthodoxie hingegen, in all ihren Schattierungen, wartet inbrünstig auf den persönlichen Messias, dem etliche von ihnen nachhelfen zu müssen glauben.

Was nun den *Rabbi von Nazareth* anbetrifft, der mittels des jüdischen Würdetitel »Messias« zum Heiland der Christenheit geworden ist, so erfahren wir aus den Evangelien, daß dieser *Jeschua Ben Josef* als Sohn jüdischer Eltern geboren, am achten Tage beschnitten, am vierzigsten Tage im Jerusalemer Tempel wie alle jüdischen Erstgeborenen »ausgelöst«, und mit dreizehn Jahren daselbst *Bar-Mitzvah* wurde. Später trat er als Tora-Lehrer in Galiläa und Judäa auf, scharte eine große Bußbewegung um sich, genoß großes Ansehen, wurde häufig als Rabbi tituliert, hat eine gewaltige Lehre verkündet und wurde im Alter von etwa dreiunddreißig Jahren als »König der Juden« gemäß des *titulus* am Kreuz von Römern gekreuzigt. Nach den synoptischen Berichten wurde er »am dritten Tage« von den Toten auferweckt, was dem pharisäischen Glauben seiner Jünger an die Auferweckung entsprach. Obwohl diese Auferweckung am Ostersonntag in weiten Kreisen des heutigen Judentums nicht akzeptiert wird, gehöre ich zu ihren Bejahern, was mein Judentum keineswegs schmälert.

In dieser ganzen Biographie und Leidensgeschichte hat Rabbi Jeschua weder durch Taten noch Unterlassungen und auch nicht durch seine Lehre sein gebürtiges Judentum je verletzt, gesprengt oder verlassen. Kronzeugen für diese Behauptung sind »alle Synagogen« seiner Heimat, in denen er »Sabbat für Sabbat« die Tora zu lesen, auszulegen und zu predigen pflegte. Es drängt sich die Frage auf:
Warum aber können ihn die Juden nicht als den Messias Israels anerkennen? Ich will dazu vier entscheidende Gründe anführen:
1. Er trat selbst nicht mit dem Anspruch als Messias öffentlich auf.
2. Er verbot seinen Jüngern und all seinen Bekannten eindringlich, sein Leidensgeheimnis zu enthüllen.
3. Er entzog sich wiederholt allen Huldigungen von seiten des Volkes und vollbrachte seine meisten Heilungen unter dem Siegel strenger Verschwiegenheit.
4. Diese Welt, in der wir leben, ist nach wie vor *unerlöst*.

Obwohl Jesus also *nicht* der Messias Israels war, ist er zum Heiland der Heidenkirche geworden, und in seinem Namen kam die Botschaft des (jüdischen) Monotheismus bis auf die fernsten Inseln.

Dank seines Wirkens ist auch fast das gesamte christliche Heilsvokabular bis heute jüdischen Ursprungs: *Himmelreich, Friedensfürst, Buße, Sündenvergebung, stellvertretendes Sühneleiden, Leidender Gottesknecht, Gnade, Auferstehung der Toten* und anderes mehr sind hebräische Theologumena, womit der spätere Entwicklungsweg der Heidenkirche ihr unbenommen sei.

Mit betonten Ausnahmen ging Jesus *nicht* zu den Heiden und verstand sich als *nur* zu Israel gesandt. Wie Amos, Jesaja und Hosea ihr sündigendes Volk bitter schalten und rügten, tat es auch Jesus aus Sorge und Hingabe. Dennoch legt die Kirche gerne seine Scheltreden als angeblichen *Bruch* mit Israel aus. Dann aber müßte sie auch die Propheten als antijüdisch anprangern. Und Jesus wurde keineswegs von allen Juden abgelehnt oder verfolgt, wie es im Neuen Testament angedeutet wird. Ganz im Gegenteil: »Viel Volk«, wie es siebenmal in den Evangelien heißt, »folgte ihm«, »Tausende« nahmen an seinen Brot-Vermehrungen teil; »große Volksmengen« lauschten seinen Predigten in Galiläa und später auch in Jerusalem; führende Pharisäer wie Nikodemus, Joseph von Arimathäa und Rabban Gamaliel zählten zu seinen Freunden, und galiläische Pharisäer retteten sein Leben (Lk 13,31).

Als berühmter Tora-Ausleger hatte er natürlich auch sein Sondergut und führte viele Lehrgespräche, wie es üblich war, mit den anderen pharisäischen Schulen. Der synoptische Jesus zeichnet sich durch Demut und Bescheidenheit aus und lehnt alle Ehrentitel ab. Wie schon gesagt, hat Jesus die Tora verschärft, wie es in den »Superthesen« der Bergpredigt zu lesen ist. U. a. wird häufig gesagt, er habe mit seinem Auftrag »Widersteht dem Bösen nicht!« die Grenzen des Judentums überschritten. Dazu äußerte sich auch der Bischof von Limburg, Dr. Franz Kamphaus, und zwar in einem Vortrag vom 3.9.1982, der später von der Deutschen Bischofskonferenz herausgegeben wurde: »Dieser Aufruf, keinen Widerstand zu leisten, ist erst durch den Evangelisten Matthäus eingefügt worden.« Gemäß dieses Einschiebsels wäre wohl Dietrich Bonhoeffer ein schlechter Christ gewesen – was doch niemand behaupten wird.

Nach den im Judentum festgelegten Kriterien von Gotteslästerung hat er zu keinem Zeitpunkt eine solche begangen. Er nennt sich selbst niemals »Gottessohn«, obwohl der Gottessohn auf hebräisch ein bekannter Begriff für einen selten begnadeten und besonders frommen Menschen war, zu dem man durch Imitatio Dei »werden« konnte, wie auch bei Mt 5,45 nachzulesen ist.

Von der griechischen Gottessohnschaft wußte Jesus so wenig wie von der Trinität und der Zwei-Naturenlehre, da diese griechischen Begriffe erst lange nach seinem Tode geprägt wurden. Natürlich kannte er auch das Neue Testament nicht, das erst ein Menschenalter nach ihm niedergeschrieben wurde. Ebenso war ihm der Begriff *Christ* als Anhänger einer neuen Religion völlig unbekannt.

Eine Tatsache fällt bei derlei Betrachtungen insbesondere auf: Um die weltumfassende Heidenkirche ins Leben zu rufen, war das kleine jüdische *Ja* der Urgemeinde zu Jesus genauso heilsnotwendig wie das große *Nein* der meisten Juden. Hätte ihn ganz Israel als Messias angenommen, wäre Paulus, wie er selbst betont, niemals zu den Heiden gegangen. Dann aber wäre die jesuanische Bewegung eine innerjüdische Institution geblieben. Das uns bekannte christliche Abendland hätte es so nie geben können.

Wenn Jerusalem nicht im Jahre 70 zerstört und die Juden von den Römern vertrieben worden wären, hätte die Jerusalemer Urgemeinde im Streit mit der Paulusrichtung vielleicht die Oberhand behalten, so daß Europa eher judenchristlich und nicht paulinisch-christlich geworden wäre.

Wer war aber schuld an Jesu Tod?
Wer gewillt ist, die Evangelienberichte ihres polemischen Überbaus zu entkleiden, kann kaum umhin, folgendes Tatsachengerüst wahrzunehmen:

Die Verhaftung Jesu wurde von *römischen* Truppen befehligt (Mk 14,43). Es handelte sich um eine *Kohorte* (Speira) von rund 600 Mann unter dem Kommando eines »*Chiliarchos*«, was einem Oberst entspricht, wie uns Joh 18,12 nüchtern berichtet.

Es war *römisches* Recht, das von dem *Römer* Pontius Pilatus angewandt wurde; *nur* der *römische* Landpfleger besaß die Kompetenz, Jesus zu verurteilen. Die sadistisch-brutale Art der Hinrichtung war *römisch* und dem jüdischen Strafrecht unbekannt; und die Vollstrecker des Todesurteils waren *römische* Legionäre, die mit ihm auch sein ganzes Volk, als angespieenen und dornengekrönten »Judenkönig«, demütigen wollten, als sie ihn auspeitschten und dann ans Kreuz schlugen. Andererseits waren all jene, die zu Jesus standen (auf dem Kreuzweg und auf Golgotha) ausnahmslos Juden und Jüdinnen. Das kirchliche Credo bestätigt: »Geboren ... gelitten unter Pontius Pilatus ... gekreuzigt und gestorben ...«

Die letztgültige Antwort auf die Schuldfrage können wir den Passionsberichten selbst entnehmen, die feststellen, daß Jesus seinen Weg zum Kreuz bejaht hat. Mehr noch! Er hat keinerlei Versuch unternommen, sich der Gefangennahme zu widersetzen oder zu entziehen und sich vor Pilatus rechtskräftig zu verteidigen. Noch hat er davor oder danach einen der vielen Fluchtwege ergriffen, die ihm bis zu Golgotha frei offenstanden, wie wir sie aus der jüdischen Überlieferung kennen. In den drei Leidensankündigungen hat Jesus seine Jünger auf sein Ende am Kreuz wiederholt hingewiesen. So konnte er sagen: »Niemand nimmt mir mein Leben, sondern ich lasse es von mir selbst« (Joh 10,18). Ja, schon beim Aufstieg nach Jerusalem kündigte er den Seinen an: »Es geht nicht an, daß ein Prophet umkomme außerhalb von Jerusalem« (Lk 13,33).

Und beim letzten Abendmahl, also beim Seder des Pessach, vollendete er die Ankündigung seiner freiwilligen Selbstaufopferung mit dem Wort von seinem Blut, das »für Euch«, »für Viele« und »für Alle« vergossen wird, wie es in drei verschiedenen Formulierungen der Evangelien und bei Paulus heißt.

Mit der gewaltsamen »Tempelreinigung« und der verhüllten aufrührerischen Antwort auf die Frage nach der Kaisersteuer brachte er wissentlich den Stein ins Rollen, der zu seiner Gefangennahme führen mußte. Ganz in diesem Sinne ermutigt er selbst den Judas, gleich nach der Fußwaschung: »Was du tun sollst, das tue sogleich!« (Joh 13,27)

Im Grunde tat Judas das, was Gott selbst mit Jesus tat, wie es im

Römerbrief heißt: »Er hat ihn dahingegeben« (Röm 8,32) – wie es noch sechs weitere Male in einer Kette von »paradidonai« im Neuen Testament heißt, wobei von einem Verrat des Judas *nirgends* die Rede ist!

Was hatte Judas überhaupt zu verraten, da Jesus doch öffentlich zu Jerusalem zu lehren pflegte und allgemein bekannt war?!

Von den verschiedenen Christologien, die sich dem Neuen Testament entnehmen lassen, wäre es nicht naheliegend zu folgern, daß Jesus sich seit seinem letzten Aufstieg nach Jerusalem als *Leidender Gottesknecht* (nach Jes 53) verstand, der stellvertretend für alle das Sühneleiden auf sich nimmt, um die Erlösung anzubahnen? Wiederum in diesem Sinne wäre auch sein selbstaufopferndes Wort zum römischen Oberst in Gethsemane zu verstehen: »Ich bin es – laß diese da gehen!« (Joh 18,8f.)

Ich will kurz zur Aussage von Kaiaphas, dem Haupt der sadduzäischen Priesterhierarchie, die rund dreißig Familien zählte, kommen.

Mit ihnen war Jesus – wie auch viele Pharisäer – im Streit, wie wir auch aus der Debatte um die Auferstehung (Mk 12,18ff.) erfahren. Viele dieser *echten* Streitgespräche wurden bei Niederschrift der Evangelien, fünfzig Jahre später nach Untergang dieser Tempelkurie bei der Zerstörung von Jerusalem durch die Römer, auf die überlebenden Pharisäer, der Volkspartei, umredigiert. Mit den sieben Schulen der Pharisäer hingegen hatte Jesus Lehrgespräche geführt, wie sie bis heute im Judentum üblich sind.

Was sagte Kaiaphas? »Es ist besser, daß ein einzelner Mensch sterbe, als daß das ganze Volk zugrunde gehe!« (Joh 11,53) Womit die Furcht der Priesterschaft vor dem Ausbruch eines blutigen Aufstandes durch Jesu zündende Ausstrahlungskraft zum Ausdruck kommt – ein Aufstand, der viele jüdische Opfer von Römerhand gekostet hätte, wie es alljährlich bei ähnlichen Pessach-Unruhen der Fall war. Wir wissen von Mk 15,7, daß sogar in jenen Tagen bereits ein solcher Aufstand in Jerusalem getobt hat, in dem Barabbas bekanntlich wegen Aufruhrs verhaftet worden war.

Es ist nicht meine Aufgabe, Schuld zuzuweisen oder Unschuld zu beweisen, doch sollte es nicht unser gemeinsames Anliegen sein, die Kollektivbeschuldigung am Tode Jesu, die fünfzig Generationen von Christen bis heute allen Juden anlasten, nur weil vielleicht ein Großstadtpöbel von etlichen Hunderten damals in Jerusalem geschrieen habe: »Sein Blut komme über uns und unsere Kinder!« (Mt 27,25), mittels Predigt und Katechese endlich zu widerlegen? Selbstverständlich habe ich nicht die Absicht, das Neue Testament zu zensurieren oder umzuredigieren.

Aber ist es nicht an der Zeit, allen Christen zu empfehlen, gewisse in der Heißglut des Auseinandergehens der Wege der Jungen Kirche und ihrer Mutter Synagoge wutschnaubend geschriebene zeitbedingte Zornausbrüche im Lichte ihrer Zeit zu relativieren und mittels der Bibelkritik und des historischen Hintergrundes zu verkündigen?

Warum aber haben sich Juden so selten literarisch mit einem ihrer größten Brüder befaßt bzw. auseinandergesetzt?

Auf hebräisch – wahrscheinlich in Jerusalem – entstand das erste Schrifttum über Jesus, der uns selbst keine Zeile schriftlich hinterlassen hat. Seit der konstantinischen Wende gibt es rund eineinhalb jahrtausende lang keine jüdische Literatur über Jesus, weil die mittelalterliche Kirche desgleichen bei hoher Strafe verbot und die Juden sich von einer Gestalt distanzierten, in deren Namen ihnen viel Unheil angetan wurde und um dessentwillen sie zu schmerzlichen Schaudisputationen gezwungen wurden. Erst seit dem 19. Jahrhundert gibt es eine wissenschaftliche und literarische Beschäftigung mit Jesus von seiten jüdischer Forscher und Schriftsteller. Eine Kardinaltatsache ist es, daß Juden nur in einem Klima der Freiheit imstande sind, sich ernstlich mit Jesus zu befassen.

Dies erklärt die neue Fülle der jüdischen Jesusliteratur in der Diaspora und in Israel. Diese Autoren sehen Jesus überwiegend als Befreiungstheologen, als Widerstandskämpfer, als Leidensgefährten in Auschwitz, als Märtyrer für den Glauben Israels, als Heiland der Heiden – und vieles mehr. Über alle Trennungen der Jahrtausende hinweg holen ihn diese jüdischen Denker heim – ihn, der nie fortgegangen war.

Von den vielen Gemeinsamkeiten, die uns Juden und Christen

in unserem Glaubensgut verbinden, soll auf *zwei* für diesen Themenkomplex relevante hingewiesen werden:

Erstens: Die Vollerlösung steht für uns alle noch immer aus. Anfängliche Erlösung beginnt für Juden schon mit der Sinai-Offenbarung, für Christen seit dem Golgotha und Pfingsten als Arrabon oder Angeld, wie Paulus es benennt (Eph 1,14).

Doch *keiner von uns* ist im Besitz des ganzen Heils, das weiterhin offenes Hoffnungsgut für Juden und für Christen bleibt, auch wenn wir es jeweils unterschiedlich verstehen oder auslegen mögen.

Zweitens: Es verbindet uns – schmerzlich, aber unzweideutig – die Parusieverzögerung, wobei *Parusie* bekanntlich »Ankunft« und nicht Wiederkehr bedeutet. Wir sollten uns geschwisterlich den Weltrekord in Ausdauer und in Hoffnungskraft teilen. Juden warten ja schon seit rund 2000 Jahren, Christen seit über 1900 Jahren auf die Vollerlösung. Wäre es da nicht an der Zeit, eine Allianz der Zuversicht zu gründen, um unserer verunsicherten Welt einen Weg der tatkräftigen Entfeindung und Versöhnung vorzuleben?

Wenn auch diese Ziele fern und unerreichbar scheinen und unsere Möglichkeiten recht gering sein mögen, sind wir nicht frei, uns der Mitarbeit an einem so umfassenden Heilswerk zu entziehen, wie es die Rabbinen und Jesus so oft betonen. Denn wenn wir alle nicht bald zur Einsicht gelangen, daß jeder Zwist der Religionen – zwischen Juden und Christen, aber auch grundsätzlich innerhalb des Monotheismus und weit darüber hinaus – den Weltfrieden gefährden muß, könnten wir alle in unserem gemeinsamen Boot mit Namen Erde gegeneinander Halleluja singend miteinander untergehen, was Gott verhüten möge. Im Sinne von Franz Rosenzweig meine ich: »Ob Jesus der Messias war, wird sich herausstellen, wenn der Messias kommt.« Diese Streitfrage sollten wir also auf den ersten Sonntag *nach* der Vollerlösung vertagen, wenn der so sehnlich Erwartete uns alle belehren wird.

Der Holocaust und der Staat Israel

Seit vielen Jahren, aber insbesondere seit dem 50. Gedenktag der sogenannten »Kristallnacht« ist viel von Bewältigung oder Nichtbewältigung der Vergangenheit die Rede; von geleisteter oder nicht geleisteter Trauerarbeit – bei den Tätern, den Zuschauern, den Wegschauern und den Gleichgültigen sowie bei deren Nachkommen. Selten jedoch hört man die Frage nach der Bewältigung derselben Vergangenheit bei den Überlebenden – und ihren Kindern.

Hier gilt es, zu unterscheiden zwischen den im Staate Israel lebenden und denen in der Diaspora, wobei den Juden in der Bundesrepublik ein besonderes Kapitel zu widmen wäre. Ich will an dieser Stelle die Problematik der erstgenannten erörtern.

»Wer ist Jude?« – Diese Streitfrage, die zu einer zentralen Kontroverse im Knesseth-Wahlkampf im November 1988 wurde; dann die innerjüdische Debatte um die mögliche Räumung von Teilen der sogenannten »West Bank« und der Schwur »Nie wieder wird Massada fallen!«, den israelische Rekruten zum Abschluß ihrer Grundausbildung auf der Bergfestung unweit vom Toten Meer leisten – sie gehören allesamt zu den indirekten Folgen der *Schoah*, wie man den Holocaust auf hebräisch nennt. Denn einig sind sich so gut wie alle Israelis, daß »Holocaust« eine irreführende Fehlbezeichnung für den *Genozid* ist. Ursprünglich bezeichnete ja dieses griechische Wort das Brandopfer bzw. das Ganzopfer im Tempel in Jerusalem. Folglich würde es den Opfern der nazistischen »Endlösung« einen freiwilligen Opfergang zuschreiben, was gewissermaßen an Blasphemie zu grenzen droht. Vorzuziehen wäre daher, das Wort *Schoah* im Sinne von *Zerstörung* oder *Katastrophe*; oder der Begriff *Churban* als *Vernichtung* – der traditionelle Ausdruck für beide Tempelzerstörungen.

Eine der schwerwiegendsten Fragen, die sich in der heutigen Rückschau stellen, lautet: Gäbe es ohne Hitler keinen Staat Israel? Doch, es gäbe ihn auf jeden Fall! So jedenfalls würden die meisten Israelis antworten. Die Vision der jüdischen Heimkehr aus der Diaspora und die Staatsidee, die niemals aufgegeben wurden, sind ja bekanntlich von der zionistischen Bewegung seit Ende des 19. Jahrhunderts auf politischer Ebene propagiert worden und fanden internationale Unterstützung durch die Balfour-Deklaration 1917 und den Völkerbund im Jahre 1922. Seit der Errichtung des britischen Mandats in Palästina in den zwanziger Jahren wurde dann die Infrastruktur des künftigen Staates von der jüdischen Bevölkerung angebahnt. So waren im Mai 1948 alle Grundlagen eines Staatswesens funktionsfähig, von der Gewerkschaft über das Schulwesen bis zur militärischen Verteidigung.

Die finanzielle und politische Unterstützung der jüdischen Diaspora sowie die Wiedergutmachung der Bundesrepublik Deutschland und die Einwanderung vieler KZ-Überlebender haben sicherlich wesentlich zur Stärkung und Konsolidierung des Judenstaates beigetragen, aber ausschlaggebend für seine Gründung war Hitler nicht. Nur im Bereich des jüdischen Galgenhumors hören wir von dem Denkmal, das deutsche Juden für Hitler in Tel Aviv erbaut haben sollen. Auf seinem Sockel stehen angeblich nur zwei Worte: UNSEREM HER-FÜHRER. Immerhin zögerte das Oberrabbinat in Jerusalem dreizehn Jahre lang, ehe es ein offizielles Dankgebet für die staatliche Wiederherstellung Israels veröffentlichen ließ, das mit folgenden Worten beginnt:
»Vater unser (der Du bist) im Himmel,
Fels Israels und sein Erlöser,
segne den Staat Israel,
den Erstlingssproß unserer Erlösung!«

Dreizehn Jahre lang war es also in rabbinischen Kreisen umstritten, ob die politische Staatsgründung auch als heilsgeschichtliches Ereignis zu würdigen sei.

Mystiker in Israel jubelten über die Zeitspanne von dreizehn Jahren, die als Bar-Mitzwa und hiermit als Reife-Werdung gilt. Einige Schulen der Ultra-Orthodoxie akzeptieren aber bis heute diese theologische Anerkennung nicht, indem sie die Schoah als Strafe Gottes erachten und die Wiedererrichtung eines wahrhaft jüdischen Staates dem künftigen Messias überlassen wollen. Die Mehrheit der Orthodoxie, wiewohl in sich gespalten, ist nicht dieser Meinung und weist die Schuld an der Schoah – ganz wie das säkulare Judentum – den Nazis zu. Andere weisen darauf hin, daß die heiligste Tat im Judentum die Rettung eines Menschenlebens ist. In diesem Sinne hat Israel, das mehr als zwei Millionen Juden Zuflucht gewährt hat, eine heilsgeschichtliche Rolle gespielt.

Für all diejenigen, für die Auschwitz der *Anti-Sinai* der Barbarei ist, hat Israel die unüberhörbare Botschaft des Lebens gegenüber dem Tod, ein lautes Ja zum Aufbau und zum Neubeginn gegenüber dem Nein der sinnlosen Vernichtung.

Ganz in diesem Sinne haben die Staatsgründer anno 1948 die Unabhängigkeitserklärung formuliert, die Christen, Moslems und Juden Gleichberechtigung gewährleistet.

Als Folge des Holocaust wurde aber Juden *ein* Vorrecht eingeräumt: das Rückkehrgesetz, das in lakonischer Kürze besagt: »Jeder Jude hat das Recht, nach Israel einzuwandern.«

Die Begründung für diese Bevorzugung liegt auf der Hand: Hätte es nämlich einen Judenstaat mit freier Einwanderung schon zehn Jahre zuvor, also 1938, gegeben, wären Hunderttausende von Juden gerettet worden. Natürlich können auch Nichtjuden israelische Bürger werden nach international üblichen Bedingungen, aber nicht automatisch.

Das Rückkehrgesetz unterläßt es jedoch zu definieren, *was* oder *wer* ein Jude sei – hauptsächlich aus theologischen Gründen, aber auch wegen der traumatischen Erinnerung daran, daß in den Vernichtungslagern *jeder Jude* umgebracht wurde – von der äußersten Reform bis hin zur strengsten Orthodoxie.

Wer also ist ein Jude nach israelischem Gesetz? Diese für einen Deutschen fast makaber klingende Frage war und bleibt in Israel und zwischen Israel und der Diaspora ein Zankapfel. Ein weiteres israelisches Gesetz liefert hierzu folgende Definition: »Jude ist, wer von einer jüdischen Mutter geboren wurde und keiner anderen Religionsgemeinschaft angehört, oder wer zum Judentum übergetreten ist.« Da die Konversion zum Judentum jedoch vom Reformjudentum nicht mit derselben Strenge gehandhabt wird, wie es die talmudische Halacha fordert, verlangen einige der religiösen Parteien in der Knesseth die Hinzufügung von zwei Worten am Ende des *Wer-ist-Jude*-Gesetzes, nämlich »gemäß der Halacha«, womit nur orthodoxe Konversionen in Israel anerkannt würden.

Hiermit aber würden de facto viele Reformjuden zu einer Art von Zweiter-Klasse-Juden herabgesetzt werden.

Das ist aber nur die Spitze eines ganzen Eisberges von Fragen und Streitpunkten. Es stellte sich im Laufe der vergangenen 40 Jahre immer wieder heraus, daß im ganz und gar nicht homogenen Judentum die lakonische Definition des Judeseins und Judewerdens eine Anzahl von erheblich unterschiedlichen Deutungen ermöglicht. Je nach der fluktuierenden Situation von Krieg und Teil-Frieden in und um Israel entwickelt sich dieses Problem auch zur prinzipiellen Streitfrage zwischen Israel und der weltweiten Diaspora. Man kann damit rechnen, daß bei Friedensschluß mit den Arabern diese Kontroverse sich noch verschärfen könnte. Die Vehemenz, mit der sich alle Beteiligten in dieser Frage engagieren, hat ebenfalls mit dem Holocaust zu tun. Sagen doch einerseits die Radikalen der Orthodoxie, daß gerade, weil so viele Juden umgebracht worden sind – insbesondere ganze Jeschiwoth und chassidische Gemeinden in Osteuropa –, es ihre Pflicht sei, sich dafür einzusetzen, daß das alte Erbe unverändert weitertradiert werde: vom Kaftan und Pelzhut bis hin zu den Konversionsbestimmungen. Zugleich aber – und aus denselben traumatischen Erinnerungen – ist es die Überzeugung weiter Kreise in der jüdischen Reformbewegung, daß der Übertritt zum Judentum erleichtert werden müsse, eben weil so viele Juden ermordet worden sind.

Die schillernde Vielfalt der Interpretationen in den verschiedenen Strömungen des heutigen Judentums wie z. B. die vielstimmige Orthodoxie, die Reform, die Konservativen, die Reconstructionists und andere wären ein Thema für sich.

Interessanterweise sind in diesen Fragen der Vergangenheitsbewältigung die 60 Prozent orientalischer Juden in Israel genau so engagiert wie ihre aschkenasischen Mitbürger. Vielleicht deshalb, weil bekannt wurde, daß im Falle von Rommels Sieg in Nordafrika die dort ansässigen Juden – von Ägypten über Lybien und Algerien bis Tunis – planmäßig nach Auschwitz verfrachtet worden wären.

Das führt zu einem argumentativen Festungskomplex, zu einer Belagerungsmentalität, die gelegentlich in dem Aufschrei gipfeln kann: »Die ganze Welt ist schon wieder gegen uns!« Die Folge ist ein intensives Sicherheitsdenken, das im Schwur der jungen Rekruten seinen klarsten Ausdruck findet »Nie wieder wird Massada fallen!«, womit im Grunde gemeint ist: »NIE WIEDER AUSCHWITZ!« Die Einstellungen zur Überlebensstrategie des Staates Israel im Lichte der Halacha sind natürlich das Thema der verschiedenen Talmudseminare, die heute wie eh und je leidenschaftliche Streit- oder besser Lehrgespräche führen. So gibt es führende Rabbiner, die nach den Holocaust-Verlusten kein weiteres Menschenleben gefährden wollen und daher die Rückgabe von Gebieten auf der Westbank im Austausch gegen Frieden empfehlen. Andere Rabbiner hingegen sind der Meinung, daß gerade wegen der erlittenen Schoah-Verluste jedwede Rückgabe von Gebieten in der Westbank Israel erst recht gefährden könnte und neues Blutvergießen verursachen würde. Deshalb raten sie davon ab. Beide Schulen haben – gut biblisch – die Heiligkeit des Menschenlebens auf ihr Banner geschrieben.

Das große Problem der israelischen Lehrer und Erzieher war und ist noch immer: *Wie sag' ich's meinem Kinde?* Ich sehe hier auffallende Parallelen zur Kardinalfrage des Geschichtsunterrichts in der Bundesrepublik. Die traumatischen Nachrichten vom Ausmaß des Holocaust erreichten die 600000 Juden im damaligen Palästina zur Zeit ihres Ringens um die künftige Unabhängigkeit mit den britischen Machthabern und mit arabischen Freischärlern. Da wollte man nicht glauben, und lehrte nur sehr widerwillig, daß sechs Millionen Menschen sich angeblich wie Schafe zur Schlachtbank führen ließen. Die psychologische Folge bei einem Teil der jungen Generation war damals eine totale Distanzierung von der gesamten zweitausendjährigen Diaspora, deren Verhalten angeblich im diametralen Gegensatz zu ihrem eigenen heldenhaften Kampf um die Unabhängigkeit Israels zu stehen schien.

Diese Jugendlichen wollten sich als Kinder der Makkabäer verstehen, die – wenn nötig – aufrecht und kämpfend in den Tod zu gehen wußten. Ein anderer Kreis von Literaten und Poeten wie Jochanan Ratosch und Gleichgesinnte griff noch weiter zurück in die Vergangenheit und suchte Anschluß an die Kanaanäer, die niemals eine Diaspora zu erleiden hatten. Erst später kamen nach Israel die aufregenden Berichte von den Aufständen im Getto Warschau, in Wilna, in Sobibor, Auschwitz und in anderen Lagern, die den Schaf-zur-Schlachtbank-Mythos weitgehend widerlegt haben.

Nun benannte man neue Siedlungen zum ewigen Gedenken an jene Helden wie z. B. Kibbutz-Lochamé-Hagettaoth, d. h. Kibbutz der Getto-Kämpfer, oder Jad-Mordechai, d. h. das Denkmal für Mordechai Anilewitz, der der Anführer des Gettoaufstandes in Warschau war; ein Aufstand, der unter grauenhaften Umständen länger gegen SS-Truppen durchhielt, als die französische Armee gegen die deutsche Wehrmacht Widerstand leistete.

Beim Eichmann-Prozeß im Jahre 1961, den David Ben-Gurion im Grunde genommen als erzieherische Maßnahme verstand, kam es zur psychologischen Wende. Die überlebenden Zeugen aus aller Welt berichteten nicht nur von zahlreichen jüdischen Aufständen, sondern auch von der systematischen, vorhergehenden Vereinsamung, Aushungerung und Entmenschung der Opfer. Nun erst begann man sich in dieses Epos unseres Jahrhunderts einzufühlen und es als Teil der jüdischen Geschichte zu akzeptieren, mit all den traumatischen Begleiterscheinungen, die schon erwähnt sind. Über den Stellenwert des Holocaust für so manchen Juden als eine Art von Religionsersatz soll später noch die Rede sein.

Nur so können wir die wallfahrtartige Bedeutung für viele Juden von *Jad Vaschem*, der zentralen Gedächtnisstätte des Holocausts in Jerusalem, verstehen. Im selben Licht sollten wir auch die Zentralität des *Jom Haschoa*, des alljährlichen Gedenktages an die sechs Millionen Opfer, sehen. Im hektischen Bemühen um die Aufarbeitung des Holocaust hatte man ursprünglich nur *einen* Gedenktag für alle Toten festgesetzt, nämlich für die gefallenen Soldaten Israels *und* für die ermordeten Juden in Europa zusammen. Aus den oben geschilderten Gründen machte man später das nationale Gedenken an *zwei* verschiedenen Orten und an *zwei* verschiedenen Daten fest: für die Toten des Holocaust in Yad Waschem am Jom Haschoa, genau eine Woche vor dem Unabhängigkeitstag, und für die Gefallenen der israelischen Kriege auf dem Friedhof auf dem Herzlberg in Jerusalem am Vorabend des Unabhängigkeitsfestes.

Es muß betont werden, daß mit all diesen Bemühungen die Folgen des Holocaust in Israel noch längst nicht verkraftet worden sind. Es ist mir in diesem Zusammenhang nicht möglich, die Auswirkungen der Schoah auf Literatur und Künste in Israel ins Visier zu nehmen. Stellvertretend seien hier nur *Joschua Sobol* mit seinem *Getto*-Drama und das Holocaust-Stück »Falsch« von René Kalisky erwähnt, die auch hierzulande aufgeführt werden. Diese und ähnliche Bühnenstücke sind in Israel sehr umstritten – aus der alten Angst vor der sog. »Nestbeschmutzung«. Dies hat u. a. dazu geführt, daß eine hiesige jüdische Gemeinde versuchte, eine derartige Aufführung vom Bühnenrepertoire ihrer Stadt abzusetzen.

In diesem Kontext sei an die Anstößigkeit von Hannah Arendt in Israel erinnert und an die Kontroverse, die ihr Buch »Die Banalität des Bösen« über Eichmann und die damaligen »Judenräte« ausgelöst hat. Ist es nicht an der Zeit, auf den Begriff »Nestbeschmutzung«, der makabrerweise einerseits von Hitler, und andererseits in den jüdischen Gettos benutzt wurde, endlich zu verzichten? In unserer Zeit der minutenschnellen Übertragung von Wort und Bild bis an die Enden der Erde und der Freiheit der Presse in der freien Welt kann es doch keine Geheimniskrämerei in öffentlich bekannten Angelegenheiten mehr geben!

Eine der vielen Nebenwirkungen des Holocaust in Israel ist die relative Zurückhaltung der Feministischen Bewegung, die nicht nur durch die strenge Orthodoxie gehemmt wird, sondern auch durch die Demotivierung vieler bedeutender überlebender Getto- und Partisanenkämpferinnen sowie ihren Töchtern. Diese Frauen sind in der Erinnerung an die gemeinsamen Kämpfe an der Seite der Männer geprägt und wollen daher heute nicht aggressiv gegen ihre einstigen männlichen Kameraden auftreten.

Bei der Frage nach der Aufarbeitung des Holocaust-Traumas

möchte ich zumindest zwei der gravierenden Turbulenzen in der »Psychoatmosphäre« Israels nicht vergessen. Als ein besonders »heißes Eisen« gilt das Verhältnis Israels zur Bundesrepublik Deutschland. Wir haben alle noch die literarischen »Paukenschläge« verschiedener jüdischer Autoren im Ohr: »Dies ist nicht mein Land« – »Fremd im eigenen Land« – »Vom ewigen Antisemiten« – »Ewige Schuld?« – »Die Zweite Schuld« – »Das Land der Mörder?« und andere mehr. Wie sieht die Realität dazu in Israel aus? Ambivalenter, als wie es sich heute darstellt, könnte das Verhältnis der Israelis zu Deutschland wohl kaum sein, die DDR sei heute hier ausgeklammert.

Einerseits blühen Handel und Wandel, Kulturaustausch auf allen Ebenen, Schüler- und Studentenaustausch erfreuen sich großer Beliebtheit, Stiftungen aller Art und gemeinsame Entwicklungsprojekte in der dritten Welt florieren. Andererseits bleibt aber ein Graben des Mißtrauens und der Unversöhnlichkeit in gewissen Kreisen, der im Fahrwasser der vielen Gedenktage seit 1985 (40 Jahre seit Ende des Zweiten Weltkrieges) eher vertieft worden ist. Zur gleichen Zeit aber werden deutsche Pilger und Touristen herzlich in Israel empfangen; ebenso ist die Bundesrepublik das Ziel vieler Urlauber aus Israel, aber auch der Auswanderung junger Israelis, auffallenderweise *nicht* der Nachfahren deutscher Juden in den meisten Fällen. Und dies trotz der kürzlichen öffentlichen Mahnung des Knesseth-Abgeordneten Eliahu Ben-Ellissar, Israels ehemaligen Botschafters in Ägypten: »Israelis sollten nicht zum Vergnügen nach Deutschland fahren, sondern nur, wenn Israels Staatsinteresse es verlange, aber auch dann nicht länger als notwendig, nicht einmal einen Abend zuviel.« Obwohl seine Meinung nicht einzigartig ist, ist sie andererseits gewiß nicht volkstümlich.

Große Bestürzung löste in Israel die Diskussion um den sog. »Historikerstreit« aus, der bis heute in der Bundesrepublik weiterschwelt. Etliche deutsche Historiker behaupten wiederholt, es bestehe ein Kausalzusammenhang zwischen den Untaten der Sowjets gegen die Kulaken und Hitlers »Endlösung der Judenfrage«, da Hitler seine »asiatische Tat« des sogenannten »Rassenmordes«

nur aus Angst vor einem bolschewistischen »Klassenmord« in Mitteleuropa begangen habe; ferner, daß die Juden »eine Art von Kriegserklärung« gegen das Dritte Reich erlassen hätten, so daß Hitlers Ausrottungstaten als »Gegenmaßnahmen« zu verstehen seien; ebenso, daß die Vernichtungslager notwendig waren, um »die asiatische Gefahr« der Roten Armee in ihrem Gegenangriff auf Deutschland zu bannen; und nicht zuletzt, daß der Völkermord an den Juden keineswegs einzigartig war. Ohne auf weitere Unterstellungen und Entstellungen heute einzugehen, sei es mir gestattet, auf diese vier Behauptungen einzugehen, die in diversen neuen Büchern wiederum Ausdruck finden. Zur angeblichen »asiatischen« Vorbeugung Hitlers sei auf die Erstausgabe von »Mein Kampf« hingewiesen, in den frühen zwanziger Jahren erschienen, wo ganz unmißverständlich von der »Ausmerzung« des »Völkervergifters«, wie er das Judentum zu nennen liebte, die Rede ist – wobei er als Methode ganz beiläufig auf »Giftgas« zu sprechen kommt. Es möge also niemand behaupten, der Führer habe die Endlösung nicht deutlich vorauskonzipiert, fast zwanzig Jahre bevor sie physisch durchgeführt wurde.

Was die sogenannte »Kriegserklärung« der Juden gegen Deutschland betrifft, handelt es sich um einen Aufruf von Chajim Weizmann, als Präsident der zionistischen Organisation, nach Beginn des Zweiten Weltkrieges, daß Juden an der Seite Großbritanniens gegen Nazi-Deutschland kämpfen mögen. Weizmann hatte damals weder ein Land noch einen Staat noch beanspruchte er das Recht, im Namen aller Juden sprechen zu dürfen. Er vertrat lediglich die Meinung der zionistischen Bewegung, die keineswegs politischen Status besaß und der nur eine Minderheit von Juden angehörte.

Was die angebliche Notwendigkeit der Vernichtungslager betrifft, um die sogenannte »asiatische Gefahr« zu bannen, ist wohl das Gegenteil wahr: Hätte Hitler den enormen Aufwand an NS-Truppen, Wachmannschaften, Eisenbahnzügen und Materialien, die dem Massenmord gewidmet wurden, zum Einsatz an seiner Ostfront verwendet, so wäre es höchstwahrscheinlich möglich geworden, den Einmarsch der Russen um etliches zu verzögern und dadurch das Leid der deutschen Flüchtlinge aus den Ostgebieten wesentlich zu verringern. Ja, einige Historiker sind der Überzeugung, daß die Besessenheit der Mordgier Hitlers seine Kriegsbemühungen wesentlich geschwächt hat und daher unmittelbar zur deutschen Niederlage beigetragen hat. Die makabere Frage stellt sich, wie die Ermordung von über einer Million jüdischer Kinder und einer Unzahl von jüdischen Großmüttern der Bekämpfung des Bolschewismus gedient haben soll.

Was die Singularität des Holocaust betrifft, behaupte ich mit dem Bundespräsidenten Weizsäcker und vielen deutschen Historikern, daß der nationalsozialistische Mord an den Juden einzigartig war, weil noch nie zuvor ein zivilisierter Staat mit der Autorität seiner legitimen Regierung beschlossen hatte, eine bestimmte Menschengruppe einschließlich der Alten, Siechen, Frauen, Kinder und Säuglinge restlos zu ermorden, und diesen Beschluß mit allen staatlichen Machtmitteln dann in die Tat umgesetzt hat. Wie die Dinge heute liegen, wird eine volle Normalisierung des Verhältnisses Israel–Bundesrepublik trotz der Verständigung auf politischer und diplomatischer Ebene noch lange dauern. Die Holocaust-Fixierung ist eben bei vielen Israelis eine feste Krücke in ihrer tiefgreifenden Identitätskrise, eine Stütze, die weiterhin im Geschichtsunterricht der Schulen untermauert wird.

Man muß jedoch feststellen, daß die Lehrerschaft in Israel bemüht ist, deutlich im Unterricht zwischen Deutschen und Nazis zu unterscheiden, um Haßgefühle zu vermeiden oder zumindest zu entschärfen. Bei der inzwischen alt gewordenen Generation der Überlebenden kommen die schlimmen Jugenderinnerungen stärker zum Vorschein – eine Tatsache, die den Psychologen nur zu bekannt ist. In der Befürchtung, daß bei ihrem Ableben ihre selbstauferlegte Rolle als Mahner und Hüter des Gedenkens erlöschen könnte, wird die zweite und dritte Generation in diesem Sinne stark mitgeprägt. Die unlängst in Jerusalem gegründete, weltweite Organisation der »KINDER DER HOLOCAUST-ÜBERLEBENDEN«, die regelmäßige internationale Tagungen plant, ist nur einer der Hinweise darauf. Wie umstritten auch dieses Syndrom in Israel ist, bezeugt ein Bericht von der Gründungstagung am 20.–21. Dezember 1988, aus dem ich zitiere: »Irritation war bei Zuhörern zu bemerken, als hätte man sie eines Elements ihrer Identität beraubt, als der Psychiater Henry Schor eindeutig erklärte, ein medizinisches Syndrom der Zweiten Generation könne durch die Forschung nicht belegt werden. Ebensowenig die These, unter Kindern von Überlebenden seien psychopathologische Befunde überdurchschnittlich verbreitet. Der Glaube an das Syndrom sei vielmehr der Versuch, den Holocaust nicht von einem persönlich betreffenden Ereignis zu Geschichte werden zu lassen ... Der Psychologe Jossi Hadar betonte, daß ein einheitliches Zweite-Generation-Syndrom nicht feststellbar sei.«

Die sogenannte *Bewältigung* der Schoah in Israel wird auf ganz verschiedenen Wegen versucht, los ist man damit aber die Schatten der Vergangenheit noch lange nicht.

Eine weitere Turbulenz und ein »heißes Eisen« ist die Frage: *Was hat der Holocaust mit dem Verhältnis zwischen Israel und der jüdischen Diaspora zu tun?* Es grenzt an Leichtsinn, ein so vielschichtiges Thema in Kürze zu streifen, aber auslassen darf ich es keineswegs! Seit der ersten Tempelzerstörung durch die Babylonier lebt das Judentum *bipolar*: mit Brennpunkten im Heiligen Land und in den jeweiligen Zentren der Diaspora. Dies mag umstritten sein, aber die Tatsache, daß zentrale Leistungen wie etwa der Babylonische Talmud, große Teile der Kabbala, die Errungenschaften des goldenen Zeitalters in Spanien mit Leuchten wie der Maimonides, der Nachmanides, die Tibboniten und viele andere sowie die heutige Blütezeit in den USA – in der Diaspora zur Entfaltung kamen und kommen, bestätigen diese *Bipolarität* – ganz im Sinne des prophetischen Auftrags an Israel, ein Licht für die Völker zu sein und den Monotheismus bis auf die fernsten Inseln zu tragen.

Im heutigen Israel ist man zumeist der Auffassung, daß die Rückkehr nach Zion das Hauptgewicht auf den Staat verlagert habe. In verschiedenen Kreisen der Diaspora, von ultraorthodoxen Schulen bis zum Reformrabbiner Jakob Neusner in Amerika, teilt man diese Meinung nicht, wobei jede Seite ihre Begründungen und Beweise zu liefern weiß. In weiten Kreisen von Holocaust-überlebenden in Deutschland jedoch gilt Israel – zumindest im Unterbewußtsein – als möglicher Zufluchtshafen im Notfall. Wir wollen jedenfalls alle wünschen, daß nie wieder eine Situation entsteht, die Hunderttausende von Juden zur Flucht zwingen würde: Es wäre auch für Israel eine gewaltige Zerreißprobe.

Wegen der teilweisen finanziellen Abhängigkeit Israels von der Unterstützung der Diaspora und ihrem politischen Einsatz gibt es hie und da in Israel Minderwertigkeitsgefühle, die gelegentlich in Arroganz umschlagen. Bei vielen jungen Israelis artet dies manchmal aus in dem aus der Bibel bekannten Wunsch: »Wir wollen wie alle Völker sein!« In der Diaspora hingegen ist man sich der Förderer-Rolle bewußt, ist man stolz auf die eigenen kulturellen Leistungen, leidet aber da und dort unter antisemitischen oder auch unter antiisraelischen Anfeindungen.

Wie jedermann hierzulande beobachten kann, werden in den Medien und in weiten Kreisen der deutschen Öffentlichkeit die Begriffe *Jude* und *Israeli* häufig vermischt, obwohl der deutsche Jude wie jeder andere in der Diaspora nicht den geringsten Einfluß auf Taten und Unterlassungen Israels haben kann. Er wird dadurch häufig in Mitleidenschaft gezogen und auch etwaiger Fehlverhalten in Jerusalem bezichtigt, die er nicht verantworten kann. Weitere Probleme und Fragen, die an dieser Stelle ausführlich erörtert werden sollten, gäbe es noch viele wie etwa:

Ist Kritik an Israel gegebenenfalls erlaubt – von seiten der Nichtjuden wie auch der Juden der Diaspora, insbesondere in Deutschland?

Ist Antisemitismus gleich Antizionismus und identisch mit Antijudaismus?

Leisten die Kirchen aller Konfessionen nach ihrem weitgehenden Versagen während der Holocaustjahre einen adäquaten Beitrag zum Abbau von antijüdischen Feindbildern und Vorurteilen, die noch immer landauf, landab weiterwuchern?

Zusammenfassend läßt sich zur Frage des Verhältnisses von Israel und *Golah* sagen: Die traumatischen Erinnerungen an den Holocaust und die daraus entstehenden Ängste gehören zu dem einigenden Band, das die weltweite Diaspora mit dem Staat Israel zusammenhält, ohne jedoch zu Doppelloyalitätskonflikten in den Heimatländern zu führen. In der jüdischen Tradition spricht man nicht von ungefähr von den allegorisch verstandenen *40 Jahren der Wüstenwanderung* zwischen dem *Auszug* aus der Sklaverei und dem Erlangen der *vollen* Freiheit. In diesem Sinne gehört das heutige Israel mit all seinem Ringen und seinen Problemen noch zur »Wüstengeneration«, dem die ganze Diaspora den baldigen Schalom mit seinem arabischen Nachbarn wünscht, auf daß es dann zu sich selbst finde und Befreiung von dem Syndrom der Holocaust-Ängste erlange. Diese Entfaltung könnte wesentlich zum Weltfrieden beitragen.

Das jüdische Gottesverständnis nach Auschwitz

»*Wo war Gott in Auschwitz?*« Diese Frage bewegt immer wieder Juden und Christen, wenn auch aus verschiedenen Motiven heraus. Juden stellen sie in einem hiobartigen Ringen um den Sinn des Leidens, das sich von gläubiger Ergebung über Atheismus bis hin zum Antitheismus erstreckt. Christen hingegen suchen gelegentlich nach Möglichkeiten der Schuldverschiebung, der Umschuldung und eines – wenn auch himmlischen – Sündenbocks. In dieser tragischen Ratlosigkeit sollten wir alle zwischen einer theozentrischen und einer anthropozentrischen Sicht der Geschehnisse unterscheiden. Theozentrisch ist die uralte Frage nach der sogenannten »Gerechtigkeit Gottes«, der Leibniz den Namen *Theodizee* verliehen hat.

Es geht im Grunde um das Geheimnis von Gottes Handeln, das uns Menschen unzugänglich ist und bleibt. Es ist der ewige Aufschrei der Opfer von Erdbeben und Überschwemmungskatastrophen, von Eltern von behinderten Kindern und vielen anderen ähnlichen unabwendbaren Widerfahrnissen mehr.

Auschwitz hat also mit dieser Theozentrik *nichts* zu tun. Hier geht es um die anthropozentrische Frage: *Wo* war der *Mensch* in jenen Jahren? Der *Täter* also, der Zuschauer und der Wegschauer? Seit Gottes Wort an Abraham »Wandle vor mir und sei *ganz*!« (Gen 17,1) – das Martin Luther fälschlich mit »*fromm*« übersetzt – ist der Mensch als Freigelassener der Schöpfung auf sich selbst gestellt, kann alles tun oder unterlassen, muß aber die Folgen für sein Handeln tragen.

Dies ist die Antwort an die Täter, denn das *Vor-Gott-Wandeln* ist viel schwerer als das Mit-Gott-gehen, wie es noch bei Noah heißt, oder eine Nachfolge Gottes, wie es einst dem Adam empfohlen worden ist. Hier geht es um das Durchschneiden des Gängelbandes, eine Situation, mit der *wir alle* immer wieder konfrontiert werden – eine Situation, die man mitsamt all ihren inhärenten Gefahren als Gewissen oder als Verantwortung umschreiben kann. Aus ihr ergibt sich die immer gültige Mahnung: Wehret den Anfängen!

Zugespitzt steht jeder Mensch stets vor *drei* biblischen, von Gott gestellten Fragen:
1. »Wo bist Du, Adam?« (Gen 3,9), was sagen will: Warum versteckst Du Dich im Gestrüpp und entziehst Dich Deiner Verantwortung?
2. »Was hast Du getan, Eva?« (Gen 3,13), womit gemeint ist: Weißt Du denn nicht, daß Du gesündigt hast und daß jede Sünde Folgen nach sich zieht?
3. »Wo ist Dein Bruder, Kain?« (Gen 4,9), auf deutsch: Ja, Du bist der Hüter Deines Bruders, denn er ist als Ebenbild Gottes geschaffen genau wie Du!

Menschen also haben millionenfach gemordet, und viele andere haben dazu geschwiegen. Gott aber darf nicht zum Lückenbüßer für die Unmenschlichkeit allzu vieler Zweifüßler reduziert werden.

Ist es nicht für Juden und Christen an der Zeit, sich von etlichen bequemen Gottesvorstellungen zu trennen, die ursprünglich zeitbedingt und ortsgebunden waren und seit Jahrtausenden überliefert worden sind? Das Bild des gütigen *Großvater-Gottes* mit dem langen weißen Bart ist in Auschwitz gestorben. Ebenso tot ist das

Bild vom guten *Buchhalter-Gott*, der tagtäglich die guten und die bösen Taten jedes einzelnen verrechnet. In Rauch und Asche aufgegangen ist auch der Begriff vom *lieben Gott*, der aus der Kindersprache stammt und nichts mit dem biblischen Gott der Liebe zu tun hat.

An welchen Gott also können wir heute noch und wieder glauben? Diese Frage stellte schon Moses bei der Dornbusch-Offenbarung: »Wenn ich zu den Kindern Israels komme ... und sie mich fragen werden: Wie ist sein Name? Was soll ich ihnen antworten?« (Ex 3,13f.), worauf Gott mit drei hebräischen Worten antwortet: *Ehie Ascher Ehie* (Ex 3,14), was weder »Ich bin, der ich bin« noch »Ich werde sein, der ich sein werde« bedeutet, obwohl es häufig fälschlich so übersetzt wird, woraus leider etliche christliche Theologien abgeleitet worden sind. »Welchen Sinn«, so schreibt Franz Rosenzweig, »hätte wohl für die verzagenden Sklaven in Ägypten eine Vorlesung über Gottes notwendige Existenz? Sie brauchten, genau wie der zaghafte Moses selbst, eine Versicherung des Bei-ihnen-Seins-Gottes.« Dem Volke ging es also um das »Namensgeheimnis«, wie es im Altertum hieß, um Gott als Retter herbeizubeschwören, wie es damals üblich war. Gott aber antwortete, sie bräuchten ihn gar nicht zu beschwören, denn Er werde nicht in der Form erscheinen, die sie sich wünschten, sondern immer in der von Ihm selbst bestimmten Art und Weise – »wie ich eben da sein werde«. All dies in drei hebräischen Worten. Das ist ein Gottesverständnis von Bestand.

Ganz nebenbei bemerkt, ist diese Selbstaussage Gottes die beste Widerlegung der von gewissen Strängen der heutigen Feministischen Theologie den Juden angelastete patriarchalische Struktur des Gottesverständnisses. Der hebräische Urtext ist weder männlich noch weiblich zu verstehen, sondern bleibt *über alle* menschlichen Definierbarkeiten und sexistischen Projektionen erhaben.

Ungeachtet der historischen Einmaligkeit von Auschwitz finden wir schon im Talmud rabbinische Debatten in einigen Schulen über den Wandel des Gottesverständnisses nach nationalen Katastrophen, wobei es auch um die Frage nach der Allmacht Gottes geht.

So lesen wir im Traktat Joma (69b): »Moses kam und sagte: ›Der große, mächtige und furchtbare Gott‹ (Dt 10,17). Später kam Jeremias nach der ersten Tempelzerstörung und sagte: ›Die Heiden zerstören sein Heiligtum; wo sind da seine Furchtbarkeiten?‹ Er sagte daher im Gebet nicht mehr: ›Der Furchtbare‹ (Jer 32,17f.). Hierauf kam Daniel zur Zeit der Unterjochung durch die Griechen und sagte: ›Die Heiden verschleppen seine Kinder in die Sklaverei. Wo sind da seine Machttaten?‹ Er sagte daher nicht mehr im Gebet von Gott ›Der Mächtige‹« (Dan 9,4ff.). Soweit die talmudische Relativierung von unterschiedlichen Gottesbegriffen. Woher aber nahmen die Propheten die Befugnis zu diesen Auslassungen? So fragten die Rabbinen. Eine der Antworten, die sich aus der hierauf folgenden Debatte ergab, besagt: Das ist ja Gottes Macht, daß seine Wege ganz anders sind als die unsrigen und der sich immer verschiedentlich manifestieren, wie schon die Vielzahl seiner Namen in der Bibel bezeugt. In diesem Sinne finden wir quer durch die Bibel eine Kette von begnadeten Menschen, die es auf sich nahmen, mit Gott zu hadern und zu rechten, seit Abraham, der sich für die sündigen Heidenstädte Sodom und Gomorrha einsetzt, über Jeremias, Habakuk und Hiob bis hin zu dem Psalmisten. Wir dürfen hier auch Jesus, der mit Gott um sein Überleben ringt, erwähnen.

Daß es im Talmud auch an Humor nicht fehlt, hat sich inzwischen herumgesprochen. So gibt es eine Schule von Rabbinen, die es nicht fassen können, daß Abraham nach Gottes Zusage, die beiden Städte »um zehn Gerechter willen zu verschonen«, die Verhandlungen nicht weitergeführt hat, als sich keine zehn dort finden ließen.

Sie fragen, ob Gott nicht vielleicht auch um fünf willen den beiden Städten verziehen hätte. Wie dem auch sei, gab es auch in Auschwitz Rabbinen, die sich aufrafften inmitten allen Elends, mit Gott zu hadern, den Glauben aber bewahrten sie doch. Sie gaben des öfteren die Ermutigung zu den verzweifeltsten Aufständen in den Todeslagern. Andere hingegen starben mit ihren Gemeinden für ihren Glauben den widerstandslosen Märtyrertod.

Eine andere rabbinische Tradition schildert uns die Entwicklung der jüdischen Gottesvorstellung über die Jahrtausende in *drei* Hauptstadien: vom allmächtigen Herrschergott, der die Hebräer-Sklaven in Ägypten zu inspirieren vermochte, kam es später zum gütigen Vatergott, der seine Menschenkinder betreut und erzieht, bis zum göttlichen Leidensgefährten, der mit den Verbannten in die Diaspora zieht und auch in Auschwitz mit ihnen darbt und leidet. Also Ansätze zu einer *Theopathie*, die Gott die unbegreifliche Macht zuschreibt, sich selbst auch *machtlos* zu machen. Von hier stammt die rabbinische Überzeugung, daß Ohnmacht und Schwäche oder die Zerknirschten und die Demütigen, wie Jesaia und Jesus es sagen, bessere Wegweiser zur Erlösung sein mögen als die geballte Macht und die Ausübung der Herrschaft.

Aus der Fülle des kabbalistischen Gedankengutes seien hier noch die Lehren vom *Zimzum* und von der *Anwetanut* erwähnt. Laut dem *Zimzum* entstand erst durch den freiwilligen Rückzug Gottes in sich selbst der nötige Freiraum zur Erschaffung dieser Welt. Denn vorher war ja Gott »alles in allem«, wie auch Paulus es besagt, so daß Gott nur durch einen Akt der Selbsterniedrigung die Welt hervorbringen wollte.

Ähnlich wird im Rahmen der *Anwetanut*, d.h. die Selbst-Bescheidung Gottes, gelehrt, daß Gott aus seinen unerforschlichen Gründen mitzulieben und mitzuleiden gewillt ist. Welch größeren Selbstverzicht und innigere Liebe Gottes kann es denn geben, als einem Klumpen staubiger Erde sein göttliches Ebenbild zu verleihen?

Mit solchen und ähnlichen Gedankengängen befassen sich heutzutage etliche Schulen der Kabbala in ihrer verzweifelten Bemühung, die Lektionen von Auschwitz in die lebendige Zukunft des Judentums einzubauen. Allgemeingut des jüdischen »Jedermanns« und »Jederfrau« sind diese Überlegungen natürlich nicht. Solches Nachsinnen öffnet aber die Tore zum Ringendürfen mit Gott, zeitgleich mit grenzenlosem, unabdingbarem Vertrauen in ihn und seine uns unfaßbare Macht. Ein Junktim übrigens, das so mancher Psychologe heutzutage als befreiend empfiehlt. Es geht hier aber nicht um einen masochistisch-selbstquälerischen Gott, wie bisweilen behauptet wird, sondern um eine befreiendere und tröstlichere Ausstrahlung als diejenige zum Beispiel des steinernen, triumphalistischen Jesus, der auf zahlreichen Kirchenportalen thront und »richtet die Lebenden und die Toten« ... »und die Verfluchten in das ewige Feuer schickt« (Mt 25,41), »wo Heulen und Zähneknirschen sein wird« (Mt 8,13). Der angeblich so masochistisch-selbstquälerische Gott läßt immerhin Abraham seinen Sohn nicht opfern, während es gängiges Glaubensgut des Christentums ist, daß Gott seinen einzigen Sohn kreuzigen ließ, um sich mit der von ihm geschaffenen Menschheit zu versöhnen, wie es Johannes und Paulus betonen. Da wir Juden und Christen nun einmal nicht ohne Gottesvorstellungen auskommen können, sollten wir lernen, die jeweiligen Vorstellungen des anderen als sein geheiligtes Glaubensgut ernst zu nehmen. Uns aber sollte es um Gott selbst gehen im vollen Bewußtsein, daß er in seiner unendlichen Größe über *jede* Verbildlichung erhaben bleibt. Gemeinsam sind und bleiben uns also vor allem die Ehrfurcht, das Nicht-Wissen-Können und die Hoffnung.

Ich möchte überdies auf die tiefgreifende Bedeutung des Zweiten Gebotes hinweisen: »Du sollst dir kein Bildnis machen, um es anzubeten!« (Ex 20,4–7) Das ist das Rückgrat der theologischen Freiheit, die das Festschreiben eines bestimmten Gottesbildes bis heute vermieden hat. Jede Generation von den Nomaden am Sinai bis zu den heutigen Astronauten und hoffentlich auch weiterhin kann sich, je nach den eigenen Leiden und Hoffnungen, ihr eigenes Gottesverständnis erdeuten oder erglauben – vom Herrn der Heerscharen der Wüstenwanderer über den fürsorglichen Hirten der Frühzeit bis zum prophetischen Gottesbild mit mütterlichen Zügen. Von *Gott*, dem mißbrauchtesten Wort im menschlichen Sprachgebrauch, sollten wir nicht soviel reden, doch so leben, daß man uns oft nach IHM fragt.

Wie wir sehen, ist also das aufregende Thema vom Wandel des Gottesverständnisses im Judentum so neu nicht. Eine andersartige Reaktion konnte man jedoch unter den Überlebenden der Todeslager kurz nach der Befreiung beobachten. Es gab Fälle von Antitheisten, die böse waren auf Gott und mit seinem *Hester-Panim* (Verborgenheit) in der Zeit der größten Not nicht fertig werden konnten. Vielleicht sind sie die Kinder Hiobs, der voller Verzweiflung fragt, warum denn Gott »sein Antlitz verbirgt« (Hiob 13,24).

Ähnliche Aufschreie finden wir auch in einigen Psalmen, Trauerliedern und Elegien in der Bibel. Nur die Mystiker, so scheint es, finden Geborgenheit sogar in der Verborgenheit Gottes. So gehört zur Jom-Kippur-Liturgie die Poesie des Salomon-Ibn-Gabirol aus dem 11. Jahrhundert in Spanien, der »Reichskrone«, wie es heißt, ein Hoheslied der Omnipräsenz Gottes:

»Und suchst Du meine Sünde
Flieh ich von Dir – zu Dir.
Ursprung, in dem ich münde,
Du – nah und fern bei mir.
Wie ich mich wend' und drehe,
geh' ich von Dir – zu Dir.
Die Ferne und die Nähe, sind aufgehoben hier.
Von Dir zu Dir mein Schreiten,
Mein Weg und meine Ruh',
Gericht und Gnad', die beiden,
bist Du und immer Du.«

Viele Überlebende der Lager und der Pogrome, die in polnischen Städten noch nach 1945 wieder ausbrachen (z. B. in Kielce 1946), wurden zu lautstarken Atheisten, die Gott ins Gesicht gähnten. Vielleicht waren sie die Nachfahren der uns aus Psalm 14 bekannten Gottesleugner, die da sagten: »Es ist kein Gott« (14,1). Es fällt auf, wie so manche der einstigen verzweifelten Atheisten und Antitheisten heute zu genau so überzeugten *Ba-ale-Teschuwah* werden, die Bußfertigen und die Bereuer, die ihren Weg zurück zu Gott nach langen Irrwegen und Holzwegen gefunden haben. Vielleicht hätten Jeremias, Johannes der Täufer und Jesus ihr Wohlgefallen an diesen jüdischen »Rückkehrern«.

Trotz der heutigen Konvulsionen im Staate Israel um die Fragenkomplexe »Wer ist Jude?« oder gar »Wer ist Rabbi?« usw. gibt es erstaunlich viele Gruppen von *Mechapse-Derech*, d. h. die Sucher des Weges, was manche vielleicht wiederum an Jesus erinnern mag. Diese Leute, in ihren verschiedentlichen *Chawurot*, diskutieren leidenschaftlich auch die bizarren, ja manchmal sogar makabren Deutungsversuche etlicher rabbinischer Einzelgänger, von denen noch die Rede sein wird. Dem Besucher aus Europa fallen diese Gruppen weit weniger auf als die zahlreichen Säkularisten in den Großstädten Israels.

Was ist heutzutage das Anliegen der *Ba-ale-Teschuwah* im Staate Israel? Es lassen sich drei hauptsächliche Beweggründe eruieren:

1. Das Versagen der fremden Götter, der Ersatzreligionen und der goldenen Kälber aller Art wie z. B. der Kommunismus, der Reichtum der Eltern im Ausland oder die Verlockungen der Aschrams in Indien. Ebenso verblaßt bei einigen die krampfhafte Mythologisierung des Holocaust-Traumas, das ihnen jahrelang als Identitäts-Krücke gedient hatte.
2. Viele glaubten bei der Wiedervereinigung Jerusalems im Sechs-Tage-Krieg von 1967 den Anbruch der messianischen Zeit zu erspüren, ein Erlebnis, das so manche Zweifler und Schwergläubige zum Glauben ihrer Vorväter zurückzubringen vermochte. In der Folge glauben sie auch gelegentlich, dem Messias bei seinem zögernden Kommen, wie sie meinen, nachhelfen zu müssen.
3. Für mystisch veranlagte Menschen ist die Beziehung von Auschwitz zur Staatsgründung Israels (innerhalb von drei Jahren) mit der Aufeinanderfolge von Karfreitag und Ostersonntag vergleichbar.

In den Geschichtsberichten der meisten Völker hören wir nach Fehlschlägen und Niederlagen von der Suche nach Schuldigen und Sündenböcken von außen, von Verrat, Judasmythen und Dolchstoßlegenden. In der jüdischen Geschichte hingegen finden wir häufig auch ein Element der Selbstbezichtigung, der Frage nach dem eigenen Schuldanteil. So geschah es nach beiden Tempelzerstörungen und spiegelt sich auch in der heutigen Liturgie wider: *Ba-Awonotenue Ha-Rabim* ... (auf deutsch: Wegen unserer vielen Sünden ...). So fragt denn auch der Rabbi von Satmar, das Oberhaupt von etlichen Tausenden Rigoristen in der USA und in Israel, ob nicht der Zionismus als Ideologie eine Todsünde sei, indem seinen Anhängern die Heilsgeduld des Wartens auf den Messias geplatzt sei.

So ist ja auch die Ablehnung der *Neture-Karta* in Jerusalem (etwa 5000 Menschen) des Staates Israels zu erklären, weil sie die Errichtung eines Judenstaates einzig und allein dem künftigen Messias überlassen wollen. Genauso erschütternd beschuldigte Rabbiner Teichthal diejenigen Juden, die den Zionismus nicht rechtzeitig unterstützt hatten und dadurch angeblich dessen vormessianische Rettungskomponente übersahen. Nicht weniger grausam ist die Beschuldigung, die etliche orthodoxe Rabbinen der jüdischen Reformbewegung entgegenschleudern, sie habe zur Total-Assimilation, also zum Abfall vom Judentum, in weiten Kreisen geführt. Die Reform ihrerseits reagiert mit dem Vorwurf, daß eben diese Orthodoxie zu einer Versteinerung und Immobilisierung des lebendigen Judentums und seiner Tradition geführt habe.

Wie man hören kann, sind Streitgespräche der Rabbinen heute wie zu Jesu Zeiten gang und gäbe. Mir scheint aber, daß die heutigen Zankäpfel von wesentlich tragischerer Natur sind als etwa die Fastenfrage, das Ährenreiben am Sabbat und das Händewaschen vor zweitausend Jahren!

Als im Christentum vor 30 Jahren die sogenannte *Gott-ist-tot-Theologie* zum Tagesthema wurde, fand sich auch ein Reformrabbiner in den USA, der eine solche Botschaft im Judentum verkündete. Rabbiner Richard Rubenstein, der über zwanzig Jahre lang versuchen wollte, »die Bibel aus seinen Söhnen herauszuerziehen«, hat sich neuerdings eines Besseren besonnen und ist zum jüdischen Glauben zurückgekehrt. Diametral entgegengesetzt ist die Auffassung von Prof. Michael Wyshogrod in New York, wenn er sagt: »Auschwitz ist ein Teil jüdischer Geschichte, aber darf nicht zum Mittelpunkt jüdischen Glaubenslebens gemacht werden.« Er betont nach wie vor »Die Barmherzigkeit und den Erlösungscharakter Gottes«, als A und O des Judentums. Um die schier endlose Vielfalt von Versuchen, die Katastrophe von Auschwitz mit der Gottesvorstellung der Bibel zu versöhnen, abzuschließen, sei noch die Mahnung von Lord Immanuel Jakobovitz, des Chief Rabbi von England, erwähnt, der Einspruch erhob gegen »die Heiligung der Schoah« als »eine Art von Ersatzreligion«.

Nicht nur das Gottesbild hat nach Auschwitz Schwankungen und Metamorphosen erfahren, auch unser Menschenbild bedarf der drastischen Revision. Wir sind weder die Träger einer automatisch aufwärts strebenden Evolution noch das Produkt einer moralischen Entfaltung, die pausenlose Fortschritte macht. Wir sind noch immer im Kindergarten der Menschwerdung. Der »Schweinehund« in uns ist noch immer wach und rege, und der sogenannte »homo sapiens« scheint schief gewachsen zu sein. Biologisch hat er sich den veränderten Lebensumständen der Neuzeit gut angepaßt, intellektuell ist er ein Riese geworden, doch moralisch noch immer ein Zwerg geblieben. An diesem Mißverhältnis könnte die Menschheit zugrunde gehen, wenn wir nicht unverzüglich die nötigen Konsequenzen ziehen: in der Erziehung, im menschlichen Miteinander, in der Abrüstung, im Abbau aller noch grassierenden Feindbilder und in der Intensivierung einer ökumenischen Friedenspolitik in allen Religionen.

Sehr häufig stellt man mir die Frage: Wann werdet ihr Juden endlich bereit sein, die schreckliche Vergangenheit unseres Jahrhunderts zu vergessen, ja einen dicken Strich darunter zu ziehen? Meine Generation lebt in einer schmerzlichen Spannung zwischen Trauma und Traum – das Trauma von Auschwitz und von der Blutspur christlicher Verfolgungen, die dorthin geführt haben. Dem Trauma gegenüber steht der Traum von einer besseren, haßfreien Welt, zu deren Verwirklichung wir Juden und Christen gemeinsam berufen sind. Aber wieso eigentlich vergessen? Sind denn Judentum und Christentum nicht klassische *Gedächtnisreligionen*, die ihre prägenden Glaubenserfahrungen – sowohl Leid wie auch Freude – in ihr zukunftsorientiertes Glaubensgut eingegliedert haben? So verewigt das Christentum Jahr für Jahr den Qualentod Jesu am Römerkreuz, ohne dabei Haß gegen die Römer zu schüren. Ebenso gedenken die Juden an jedem Pessachfest des Elends der Versklavung ihrer Vorväter in Ägypten, ohne zum Haß gegen die Ägypter zu erziehen.

So beruhen sowohl Judentum wie auch Christentum auf der Grundlage aktiver Erinnerungen, um aus ihnen zu lernen, heranzureifen und die Zukunft humaner zu gestalten. Wer seine Geschichte vergißt, so lehrt uns der griechische Denker Thukydides, der wird dazu verdammt, sie zu wiederholen. So kann es also beim Holocaust nicht um ein Vergessenwollen gehen, sondern um die richtige Art des Gedenkens um der Zukunft willen.

In diesem Kontext wird ebenfalls die Frage erhoben: »WANN WERDEN SIE ENDLICH VERGEBEN?« Schuld ist niemals kollektiv, sondern persönlich!

Dies ist meine tiefste Überzeugung, gerade nach der unbegründeten jahrtausendewährenden Kollektiv-Beschuldigung aller Juden am Tode unseres Bruders aus Nazaret. Vergebung ist daher ein freier Akt des Verletzten. So habe ich die mir von Nazis angetanen Mißhandlungen verziehen. Die schmerzlichen Erinnerungen spornen mich zum vollen Einsatz für eine konstruktive Entfeindung und zu gemeinsamen erzieherischen Bemühungen für ein kreatives Miteinander an. Es gibt aber noch zwei andere Ebenen der Vergebung:

1. Die sechs Millionen der ermordeten Juden – wie könnte ich mich vermessen, für sie Vergebung auszusprechen?! Da es keine Kollektivschuld gibt, kann es auch keine Kollektivvergebung geben.
2. Es geht um das Unheil, das über 50 Millionen Menschen gebracht wurde, zum Beispiel über Russen, Zigeuner, Polen, aber auch über Deutsche – Judenretter und Widerstandskämpfer, deren Ermordung mich nicht weniger schmerzt als die Vergasung der Juden. Das ihnen angetane Leid kann nur Gott vergeben.

Ein Hoffnungsschimmer erhellt jedoch den Horizont. Wenn wir alle, Christen und Juden, uns unserer globalen Verantwortung bewußt werden, dann könnte und sollte es zur Aussöhnung der Söhne und Töchter kommen, die gemeinsam die Bewahrung der Schöpfung und die Bewährung der Menschenrechte überall zu gewährleisten haben. Eine solche Aussöhnung könnte ein anstekkendes Beispiel sein für andere zerstrittene Völker und Religionen auf unserem geschundenen, verunsicherten Planeten. Ich möchte das Thema der Gottesbilder nach Auschwitz mit den Worten meines Lehrers Martin Buber zusammenfassen: »Gott ist das beladenste aller Menschenworte. Keines ist so arg besudelt, so sehr zerfetzt worden. Grade deshalb darf ich darauf nicht verzichten. Die Geschlechter der Menschen haben die Last ihres geängstigten Lebens auf dieses Wort gewälzt und es zu Boden gedrückt. Es liegt im Staub und trägt ihrer aller Last. Die Religionsparteiungen haben das Wort zerrissen. Sie haben dafür getötet und sind dafür gestorben; es trägt ihrer aller Fingerspur und ihrer aller Blut ... Wir können das Wort Gott nicht reinwaschen und wir können es nicht ganzmachen, aber wir können es, befleckt und zerfetzt, wie es ist, vom Boden erheben und aufrichten, über einer Stunde großer Sorge.«

Aber, was wir alle *von* Gott wissen, geht unschwer auf eine knappe Postkarte. Was wir alle *um* Gott bereits geschrieben und gelesen haben, füllt viele Bibliotheken. Wir sollten nie vergessen, daß die Bibel mit der Geschichte der ganzen Menschheit beginnt und mit der Vision der erlösten Menschheit schließt. Israel ist das Mittelstück darin. Jesu Wort sollte uns daher beim Religionsgespräch Mut machen: »Im Hause meines Vaters sind viele Wohnungen« (Joh 14,2) – ein Spruch, der wie ein gut jüdisch-jesuanisches Plädoyer für eine Pluralität der Heilswege klingt und Gott die Größe zutraut, die es einer Vielfalt von Wegen, Pfaden und Straßen ermöglicht, zu ihm zu führen und ihn zu erreichen.

In dieser verunsicherten Welt, in der wir Juden und Christen nur allzu häufig mit Atheismus konfrontiert werden, möchte ich einen Midrasch erzählen, aus dem wir lernen, daß schon die alten Rabbinen sich mit diesem Problem herumzuschlagen hatten. Warum hat Gott den Atheismus erschaffen? – so fragte man einst den Rabbi Mosche Leib von Sassow.

Und jener antwortete: »Auf daß du den Bedürftigen nicht verhungern läßt, indem du ihn mit der kommenden Welt vertröstest oder ihm einredest, er solle auf Gott vertrauen ... anstatt daß du selbst ihm sofort zu essen gibst. Helfen sollst du, als hänge alles nur von dir ab, und beten sollst du, da alles ja in Gottes Hand liegt.

Aber beides tue zugleich! Darum hat Gott auch den Atheismus erschaffen.«

In Anlehnung an das Grundanliegen des jüdisch-christlichen Dialogs und des grundsätzlichen interreligiösen Gesprächs drängen sich die Fragen auf: Wer braucht eigentlich den Dialog? Wer will ihn? Und wer lehnt ihn ab? Und was sind die verschiedenen Begründungen in den diversen Religionen? Diese Analyse müßte bald einmal unternommen werden. Aus meiner Erfahrung ist der Ausgangspunkt der Glaubensgespräche heute der *Dialog* zwischen Juden und Christen, wobei wir lernen müssen, die Vielfalt der Konfessionen und Glaubensrichtungen in beiden Lagern zu berücksichtigen. Dies soll keine Vorrangsposition für das Judentum erstreben, will aber daran erinnern, daß der Christ seine Bibel nicht zu lesen vermag, ohne unaufhörlich auf Juden zu stoßen. Erst wenn wir diesen Dialog fruchtbringend eingeübt haben, können wir uns dem *Trialog* mit dem Islam zuwenden. Ein verlockendes Thema für diesen Trialog wäre doch folgendes:

Bei den Christen wurde das Wort *Fleisch*.

Bei den Moslems wurde das Wort *zum Buch*, also zum Koran.

Bei den Juden wurde das Wort *zur Welt*, wie es im Schöpfungsbericht nachzulesen ist. Das könnte der Eckstein zum Intermonotheistischen Gespräch werden – über Gott und *seine* Welt. Der nächste Schritt wäre dann der *Multilog* mit den großen Fern-Ost-Religionen, um unsere Ökumene zu globalisieren.

Zurück nun zur heutigen Situation in der Bundesrepublik. Angesichts des gegenwärtig zu beobachtenden Glaubensschwundes in Judentum und Christentum täte es not, daß wir unsere Methoden und unser Vokabular neu durchdenken, denn der heutige Zeitgenosse sucht ja einen glaubwürdigen Glauben, der sich in einer ihm vertrauten Sprache ausdrückt und seine Nöte und Hoffnungen zur Kenntnis nimmt. Oder wollen wir Gefahr laufen, zu vereinsamten Glaubensinseln in einem stürmischen Ozean von Apathie, Atheismus und gleichgültigem Materialismus zu schrumpfen? Jetzt höre ich schon im Geiste die besorgten Warnrufe: »Synkretismus! Synkretismus!« von Leuten, die in jedem Dialog ein Stück von Selbstaufgabe wittern. Ihnen rufe ich zu:

Keine *Vermischung* wollen wir, wohl aber *Eintracht* in der religiösen Vielfalt und Achtung voreinander. Denn nur *so* können wir jenen Religionsfrieden ansteuern, ohne den es keinen stabilen Weltfrieden geben kann.

Als Jude erwarte ich von den christlichen Kollegen ein intensiveres Engagement im Dialog, bei dem ich leider letztens gewisse Lähmungserscheinungen beobachte. Zu den Gründen bei vielen Christen zählen u. a. ein Unwille, sich heute noch mit Auschwitz und den Folgen zu befassen; berechtigte und nicht von Vorurteilen freie, unberechtigte Kritik an der Politik Israels, die zu einer gewissen Überheblichkeit und zu einer Abkehr vom Dialog führt; ein Ignorieren der katholischen Konzilsbeschlüsse und derjenigen evangelischer Gremien, die zur Intensivierung des Dialogs aufrufen – und nicht zuletzt: ein Erstarken fundamentalistischer Kreise, die bekanntlich die alleinige Wahrheit beanspruchen und daher kein Dialogbedürfnis verspüren. Ferner scheut man sich in weiten Kreisen, die wirklich heißen Eisen des Dialogs mutig, ehrlich und konsequent durchzudebattieren, wie z. B. die leidige Frage der *Judenmission*, die sogenannte »Enterbung« und »Verstockung« *Israels*, aber vor allem *die Absolutheitsansprüche der Kirchen*, die die globale *Frage nach dem Heil* der gesamten nichtchristlichen Menschheit aufdrängen. Andererseits wären die Fragen der Inkarnationslehre und der Trinität zu diskutieren mitsamt ihren jüdischen Wurzeln: Ebenso das stellvertretende Sühneleiden und sein jüdischer Hintergrund sowie vieles mehr. Auch auf jüdischer Seite läßt die Dialogbereitschaft und -fähigkeit leider zu wünschen übrig. Die Gründe sind ganz andere als bei den Christen, aber nicht minder vielschichtig und komplex. Auch das wäre ein Thema für sich und von großer Dringlichkeit, doch läßt es sich an dieser Stelle leider nicht angemessen und ausführlich darstellen.

Wenn wir die Möglichkeiten des Dialogs, ja diesen Kairos der Annäherung ungenutzt verstreichen lassen, wird das Versäumnis vielleicht nie mehr gutzumachen sein. Wir alle sollten also ein Bündnis der Brückenbauer schließen, die das verderbliche Geröll von Vorurteilen, Fehlübersetzungen und Feindbildern abräumen, um eine tragfähige Startbahn für eine bessere, ökumenische Zukunft zu errichten.

Wie so oft stellt sich nun die Frage: Wie setzen wir unsere schönen Theorien in die Praxis des grauen Alltags um?

Um dies zu tun, gilt es, sich *fünf* Tugenden zu befleißigen, die zur Grundlage der humanen Koexistenz gehören:

1. Die *Konfliktfähigkeit*, um Kontroversen fair und gewaltlos auszutragen. Mehr noch! Konflikte totzuschweigen oder zu verdrängen, verschärft sie nur und erschwert jedwede friedliche Lösung. Es ist also ratsam, den Konflikt auszuhalten und, ohne Brücken abzubrechen, durchzustehen. Auf keinen Fall aber dürfen wir den Respekt voreinander verlieren – auch wenn die Sache an sich hart umstritten wird.
2. Die *Dialogbereitschaft* auf allen Ebenen der Gesellschaft – von der Familie über den Betrieb bis in die Politik. Auch mit Gegnern und Konkurrenten, die aber niemals verteufelt werden dürfen. Als Motto für solche Toleranz empfiehlt sich die talmudische Einsicht, daß Sprachlosigkeit sehr rasch zur Handgreiflichkeit führen kann.

Jede Streitfrage, so sagte ein alter Rabbi, hat drei Seiten: deine Seite, meine Seite und die *richtige* Seite.

3. Die flexible *Kompromißbereitschaft*, mit uns selbst zuerst, aber auch mit allen Anders-Denkenden, die zwar Opponenten bleiben mögen, aber gerade deshalb emotionell *entfeindet* werden sollten.
4. Die *Einfühlsamkeit* in den Kopf und das Herz des Kontrahenten sowie die Kenntnisnahme der *Schmerzgrenze*, die niemals überschritten werden sollte.
5. Die *Geduld*, die aus der Einsicht stammt, daß diese Welt weder *heil* noch *heil-los* ist, wohl aber *heilbar* – wenn wir bereit sind, auf trügerische Sofort-Erfolge zu verzichten, um gemeinsam, mittels vieler kleiner Schritte, ein *kreatives* ökumenisches Miteinander anzupeilen.

Wer sich heutzutage dem Dialog entzieht, der wird die Glaubensträgheit fördern, dem religiösen Isolationismus Vorschub leisten und die theologische Wahrheitssuche durch überheblichen

Heilschauvinismus ersetzen. Woran wir uns endlich heranwagen sollten, ist eine dialogische Theologie als Zugang zu jener künftigen Pan-Ökumene aller Gotteskinder, die in versöhnter Vielfalt dem einen Gott »einträchtig zu dienen« gewillt sind (Zeph 3,9).

II.
Anstößige Korrespondenz

An Judas Iskariot

Lieber Judas,
da ich nicht weiß, wo Deine Kontaktadresse auf Erden ist, schicke ich diesen Brief auf dem Presseweg. Schon lange befasse ich mich mit Dir, Deinem Ursprung, Deinen Zielen, Taten und Unterlassungen. Wo bist Du eigentlich geboren? Wie, wann und wo hast Du den Rabbi Jesus zum erstenmal getroffen? Wie ging bei Dir die Berufung zur Jüngerschaft vonstatten? Was ist zwischen Dir und dem großen Rabbi schiefgegangen? – Fragen über Fragen, die für uns Juden, Deine Brüder, quer durch die Jahrhunderte gravierend und folgenreich geworden sind. Was hat man Dir nicht alles nachgesagt! Der »Erzverräter«, der seinen Herrn um einen »Judaslohn« verkauft, der »Räuber«, der »Kassendieb« und der Selbstmörder, wie Dich nur allzu viele Kirchen bis auf den heutigen Tag verkündigen. Nach Deinem Tod haben nämlich einige von Euren Leuten ihre Erinnerungen an Eure Wanderjahre mit dem Rabbi niedergeschrieben. Diese Bücher heißen »Evangelien«, und in ihnen kommst Du sehr schlecht weg.

Ich kann es einfach nicht glauben. Die Feder der Schmähungen, mit der Du dargestellt wirst, ist viel zu spitz, so spitz wie sie nun einmal zu sein pflegt, wenn es um die Anprangerung derer geht, die gegen alle Normen verstoßen – was leider auch noch in unseren Tagen gilt. Daß nämlich die Guten schwerer als die Schlechten, die »Söhne des Lichts« mit größerer Anstrengung zu zeichnen sind als »die Kinder der Nacht« – das gilt schon für die Epoche der Evangelisten. Die Tugendengel und die Helden wie etwa der Lieblingsjünger Johannes bleiben blaß gezeichnet; die Zwiegesichtigen wie der unschlüssige Pilatus und der schwankende Petrus gewinnen eher an Profil; am stärksten aber wirken die Schurken: Salome und Du, lieber Judas, die den Skandalon auf sich nehmen und für dramatische Spannung sorgen. Du weißt ja: Ohne einen wuchtigen Schurken kommt kein gutes Drama aus! Dieser Hang zur Sensation, zur Aufbauschung des Unheilvollen und der Kitzel des Schauderns haben sogar zu einem heutigen Schlagwort geführt: »Only bad news is real news« – also: Nur schlechte Nachrichten sind echte Neuigkeiten. So bleibt also Deine welt-berüchtigte »Untat« ein Dauerbrenner für Millionen von Selbstgerechten, Rechthabern und Besserwissern – genau wie die Kreuzigung Jesu häufig seine Auferstehung im Volksglauben zu überschatten droht.

Allen Kirchenverlautbarungen zum Trotz bleibst Du, lieber Judas, im Volksempfinden der Christenheit nicht irgendein Jude, sondern *der Jude* an sich, sozusagen in Reinkultur: der Verräter par excellence, Inbegriff des Bösen, ein Ausbund aller Niedertracht, einer, der für Geld alles zu tun bereit ist, von dem der Volksmund behauptet, er würde vor lauter Habgier sogar seine eigene Mutter verkaufen. Hast Du Dir solch eine Wirkungsgeschichte je vorstellen können? Heißt es doch schon bei Papst Gelasius I. 495, daß »Judas, der Teufelsgehilfe, seinen verruchten Namen dem ganzen Judenvolk vererbt hat«. Hättest Du doch SIMON, David oder Jakob geheißen – wer weiß? Vielleicht hätte so mancher selbsternannte Rächer von Jesu Kreuzestod im Laufe der Jahrtausende sein Mütchen nicht ausgerechnet an den Juden gekühlt. Wenn man bedenkt, daß Dein Kollege und Mitapostel Petrus Euren Rabbi nicht weniger als dreimal öffentlich verleugnet hat, wie im Neuen Testament nachzulesen ist, und er dennoch später zum ersten Papst werden konnte, so stimmt das nachdenklich, und Wehmut beschleicht das Herz.

Kurzum, von Dir, Judas, kommt das Vorurteil. Dies beweisen nicht nur zahllose Gemälde, Skulpturen und Kirchenbilder, die Dich mit Hakennase und jüdischem Spitzhut porträtieren, sondern auch der heutige Sprachgebrauch: der Judaskuß, ein wahrer Judas, ein Judasbruder, der Judaslohn, eine Judasnatur, wie etliche Lexika und Sprichwörterbücher lakonisch dokumentieren. Sogar der Neonazi Manfred Röder nannte 1978 im Laufe eines Gerichtsprozesses Dietrich Bonhoeffer »einen Judas, der sein Vaterland verraten hat«.

Der Tatbestand liegt auf der Hand. Achtzehn Jahrhunderte lang galten »die Juden« für die Kirche als »ungläubig«, weil sie ihrem Glauben treu geblieben sind; als »geldgierig«, weil Du, Judas, angeblich »30 Silberlinge« für die Auslieferung Jesu erhieltest; als

»verräterisch«, weil Du Deinen Herrn verraten haben sollst. Es ist hoch an der Zeit, die Tatsachen unter die Lupe zu nehmen, um endlich festzustellen, wieviel Wahrheit diese mörderischen, jedoch unbewiesenen Anklagen beinhalten.

Als erster Entlastungszeuge komme »der Kuß« im Garten von Gethsemane zu Wort. Wärst Du wirklich der abgefeimte Verräter gewesen, den die Kirchenväter aus Dir gemacht haben, so hättest Du die Soldaten zu Jesus geführt, hättest genickt: »Der da ist es« und Dich aus dem Staube gemacht. Nichts davon im Evangelium! Statt des Winkens und dem Hinterhalt – die Umarmung. Statt des verschwiegenen Zeichens – der Kuß. War das nicht der Liebeserweis eines Mannes, der sich selbst verleugnet, um einen schweren Auftrag seines Rabbis auszuführen? Doch darauf komme ich noch zurück. Und dann bricht es plötzlich aus Dir heraus. Unfähig, Dich noch länger zu beherrschen, stürzt Du auf Jesus zu: »Rabbi, ich habe getan, was Du verlangtest!« Du umarmst und küßt ihn – und Jesus versteht. »Mein Freund« (Mt 26,50), so sagt er zu Dir und dann, flehentlich wie bei Eurem Pessachmahl: »Tu's jetzt. Es ist Zeit« (Mt 26,50). Ein Kuß, eine Geste der Freundschaft, der Ansatz eines vertrauten Gesprächs – beredte Zeichen, daß Jesus und Du wie Brüder zusammengehören.

Als zweiter Entlastungszeuge möge der sogenannte »Judaslohn« der Wahrheit zur Geltung verhelfen. Du »mußtest« genau »30 Silberlinge« erhalten, da das Buch Exodus (21,32) von »30 Schekel« als Entschädigung für einen Sklaven spricht – also der niedrigste Kaufpreis eines Mannes, den der Prophet Sacharia später spöttisch auf sich selbst bezieht: »Da sagte ich zu ihnen: ... gebt mir meinen Lohn ... und sie wogen mir meinen Lohn dar: dreißig Silberlinge. Da sprach Gott zu mir: Wirf ihn in den Schatz! ... und ich nahm die 30 Silberlinge und warf sie in den Schatz des Hauses Gottes« (Sach 11,12–13). Hier also ist die Wurzel der dreißig Silberlinge, die Du laut Matthäus (26,14f.) zuerst von den Hohepriestern als Kaufpreis für Jesus erhieltest. »Sie aber wogen ihm 30 Silberlinge dar«, so heißt es wörtlich beim Propheten wie beim Evangelisten, die nicht das geringste miteinander zu tun haben. Dies alles wurde zusammengejocht, weil in weiten christlichen Kreisen die Meinung besteht, daß die hebräische Bibel, genannt Altes Testament, eigentlich nur ein Vorläufer des Neuen Testamentes sei, in dem »alles erfüllt werde«. Eben aus diesem Grund mußtest Du Deinen »Judaslohn« in den Fußstapfen Sacharias »in den Schatz des Gotteshauses«, d. h. in den Tempel werfen (Mt 27,5).

Nebenbei sei hier bemerkt, wie Du und ich und alle Historiker wissen, daß es zu Jesu Lebzeiten zwar Dinare, das Doppelas, Minen, Selas, Schekel und Drachmen gab, aber keine Münze oder Währung, die als »Silberling« bekannt war. Sie kamen etwa dreihundert Jahre zuvor aus dem Umlauf. Ebenso anachronistisch ist das »Abwiegen« der Silberlinge, das zwar zu Sacharias Zeiten noch üblich war, aber im Zeitalter Jesu längst durch geprägte Silbermünzen ersetzt worden war. Brennend interessiert mich, ob Du wirklich »der Schatzmeister« (Joh 13,29) Jesu und der Apostel warst. Wenn ja, wer hat Dich ernannt? Oder wurdest Du gewählt? Hattest Du vorherige Bankerfahrung? Und ist es wahr, daß viele Frauen zu Euren Gönnerinnen zählten?

Uns heute stimmt es nachdenklich, daß jeder der vier Evangelisten seinen eigenen Judasbericht verfaßt hat, die einander häufig widersprechen. Das beginnt bereits an der Stelle, wo Du Dich angeblich den Hohenpriestern als Verräter anbietest. »Was wollt Ihr mir geben?« So fragst Du nach sprichwörtlicher jüdischer Händlerart laut Matthäus (25,15), worauf man sich endlich auf »dreißig Silberlinge« einigt. Lukas versucht Deine Motivation zu klären, wobei er es sich jedoch sehr leichtmacht: »Satan fuhr in Judas hinein ... und er ging hin und besprach sich mit den Hohepriestern« (Lk 22,3). Damit ist Deine Verteufelung bewerkstelligt: Du stehst außerhalb der menschlichen Gesellschaft und wirst zum Handlanger der Hölle. Zu Deinem Verhältnis mit dem Teufel lesen wir auch bei Johannes: »Da fuhr der Satan in ihn hinein« (Joh 13,28). Diese Aussage ergänzt ganz wunderbar den vorherigen Bericht bei demselben Johannes, der Jesus sagen läßt: »Einer von Euch ist ein Teufel« (Joh 6,70), was der Evangelist für uns Leser verdeutlicht: »Er meinte den Judas, der ihn überliefern sollte« (Joh 6,71). Wie allerdings der Teufel in den Satan hineinfahren kann, bleibt ein

Rätsel. Ebenso unklar ist es, wie »ein Dieb, der als Verwalter der Kasse deren Einlagen unterschlug« (Joh 12,6), bis zum letzten Tage das Vertrauen samt des Schatzmeisters ausüben konnte (Joh 13,29f.). Für so eine unerhörte Beschuldigung des Diebstahls, die Johannes gegen Dich erhebt, hätten wir eigentlich stichhaltige Beweise erwartet, wo doch derselbe Evangelist öfters viele Details und ganze Unterhaltungen in epischer Breite beschreibt.

Interessant ist die Tatsache, daß das jedem Christen geläufige Schlüsselwort von Deinem »Verraten« als solches im ganzen Evangelium nicht vorkommt: Es geht vielmehr im griechischen Urtext um »paradidonai«, was wortwörtlich »dahingeben« oder »überliefern« besagt – genau dieselbe Vokabel, derer sich später Paulus bedient, um Jesu Opfertod als »Selbstauslieferung« zu beschreiben (Gal 2,20). Im Grunde tust Du, lieber Judas, nur das, was Gott selbst im Neuen Testament mit Jesus tut: »Gott hat seinen eigenen Sohn nicht geschont, sondern er hat ihn für uns alle *dahingegeben*« (Röm 8,32). Von diesem Satz an wird die gesamte Passion zu einer Kette eines siebenfachen *Überliefern*s: Auf Geheiß Jesu *gibst Du* Jesus an den Hohen Rat dahin, der ihn an Pontius Pilatus *überliefert*; jener *gibt ihn* an Herodes weiter, der ihn dann *zurückgibt*, worauf Pilatus ihn seinen Legionären *ausliefert*, die ihn ans Kreuz nageln, worauf Jesus zuletzt seine Seele dem Schöpfer *übergibt*. All diese Begebenheiten kann jeder im Neuen Testament nachlesen, aber ohne dabei auch nur ein Sterbenswörtchen über den Dir angedichteten »Verrat« zu finden.

Dieser Ablauf der Passionsgeschichte ist aus der Sicht der Evangelisten weder ein Unglück noch eine Überraschung, sondern vielmehr ein ganz planmäßiges Geschehen: »Gott hat so erfüllt, was er durch den Mund aller Propheten vorausgekündigt hat, nämlich daß sein Messias leiden sollte« (Apg 3,18). Von Anfang an war ja Jesus »dazu bestimmt, als Lamm Gottes für die Sünden der Welt zu sterben« (Joh 1,29f.). Wäre er friedlich als achtzigjähriger weiser Zimmermann in Nazareth im Kreise seiner Familie gestorben – wo bliebe dann die Kirche, die Hoffnung auf die Auferstehung, die Vergebung der Sünden und das Warten auf die Parusie und vieles andere Schöne und Gute?

Wenn Du also, lieber Judas, so unverzichtbar warst für das Heil der Christenheit, warum wirst Du dann bis heute verteufelt? »Man muß«, so meinte Heinrich Böll, »wenn man über den Fall Judas liest, den Fall Petrus mit seiner dreifachen Verleugnung seines Herrn immer in Ergänzung dazu denken, die beiden Karrieren dagegenhalten. Dazudenken muß man auch, daß Petrus, obwohl doch eindeutig Jude wie alle Jünger und Apostel, niemals als ›typisch jüdisch‹ interpretiert und dargestellt wurde. *Der Jude*, nicht etwa ein Jude, blieb aber Judas.« So manche fragen sich daher, ob dieser *Schurke Judas* nichts anderes sei als eine tendenziöse Karikatur der Evangelisten, die ihn als Gegenspieler zu Jesus benötigten, um so das Licht des Nazareners um so heller und unjüdischer gegen den sündig schwarzen Hintergrund des Judas erscheinen zu lassen?

Lieber Judas, ich bin der Meinung, daß Du lebendig und anständig warst, das Schurkesein Dir jedoch angedichtet worden ist. Mich bestätigt kein geringerer als Paulus, der älteste Kronzeuge im Neuen Testament, der nichts von einem »Verräter« unter den Zwölfen zu berichten weiß! Sein Auferstehungsbericht, demgemäß Jesus am Ostersonntag zuerst dem Kephas »und dann den Zwölfen« erschienen sei, läßt Deine Anwesenheit unter ihnen außer Zweifel (1 Kor 15,5). Er läßt alle drei einander widersprechenden Berichte über Deinen Selbstmord, den Du angeblich noch vor der Kreuzigung verübtest (Mt 27,5), bezweifeln. Das gilt sowohl für Dein Dich-Erhängen (Mt 27,3–10) und Dein Entzweibersten (Apg 1,15–20) als auch Dein phantasiereiches Absterben durch Fäulnis, von dem uns der Bischof Papias von Hieropolis um das Jahr 130 zu berichten weiß. Da die Ersatzwahl des Apostels Matthias als zwölften Apostel – angeblich an Deiner Stelle – erst vierzig Tage nach jenem ersten Ostersonntag stattfand (Apg 1,21–26), hätte es doch bei der Auferstehung heißen müssen: »Dann erschien er den Elfen.« Ist es denkbar, daß Paulus weder vom »Verrat« noch von Deinem frühzeitigen Tod gewußt hat? Da auch im Petrusevangelium (außerkanonisch!) zu lesen ist, daß Jesus nach der Kreuzigung »von seinen zwölf Jüngern« beklagt und beweint worden ist, haben wir also zwei gewichtige Entlastungszeugen für Dich.

Noch einschneidender aber ist die schlichte Vernunftfrage: Was eigentlich hattest Du zu verraten? Jesus hielt sich tagelang, umgeben von seinen Jüngern und zahlreichen Anhängern, in der Öffentlichkeit Jerusalems auf. Er war nicht nur eine stadtbekannte Figur, sondern pflegte auch im Tempelhof vor Tausenden von Juden zu lehren. Jesus selbst bestätigt das ganz eindeutig: »Täglich saß ich im Tempel bei Euch« (Mt 26,55). Man bedurfte also kaum eines Geheimagenten, um ihn zu identifizieren. Unter solchen Umständen gab es auch beim besten Willen nichts – aber auch gar nichts! –, was Du den Behörden hättest »verraten« können.

Da Johannes sein Evangelium bekanntlich erst um das Jahr 100 n. Chr. niederschrieb, meint auch eine Reihe bekannter christlicher Theologen, daß er Deine Figur benötigte, um durch Judas das ganze Judentum anzuschwärzen und so die Kirche leichter vom Judentum trennen zu können. Jerusalem war ja mittlerweile längst zerstört, und die Kirche war drauf und dran, eine Heidenkirche zu werden. Stellvertretend für viele schreibt Rudolph Bultmann, er sei der Überzeugung, der ganze Judaskomplex sei »legendärer Färbung«, so daß es unmöglich sei, Wahrheit von Dichtung zu unterscheiden. Wie schon gesagt, hegte ich nie den geringsten Zweifel an Deiner Historizität, die jedoch durch massive Verleumdungen verdüstert wurde.

Die Kardinalfrage, die mich und andere plagt, bleibt: Was bewegte Dich, Deinen verehrten Rabbi damals zu überliefern? Eine Vielfalt von Beschuldigungen wird uns von verschiedenen Theologen angeboten: Hochmut und Ehrgeiz hätten Dich angetrieben; Besserwisserei sei Dein Motiv gewesen, indem Du überzeugt warst, das Himmelreich schneller herbeizwingen zu können, oder aber Eifersucht auf Johannes, »den geliebten Jünger«, hätte Dich um den Verstand gebracht; Du wolltest Jesus und seine Sendung prüfen – war er nun wirklich der Messias oder nicht? All diese und viele andere Deutungen wollen mir nicht einleuchten. Mir scheint, daß Dein Beiname den Schlüssel für Dein Handeln liefert. *Iskariot* – so wirst Du uns vorgestellt in sechs verschiedenen Lesarten, die auf bewußte Umredigierung in den Evangelien schließen lassen.

Das schreckliche Geheimnis soll uns verheimlicht werden, daß nämlich hinter *Iskariot* das lateinische Wort *sicarius* steckt, die römische Bezeichnung für die Zelotenpartei der damaligen Zeit. Daß Du, lieber Judas, zu den Freiheitskämpfern Israels gehört hast, bestätigt uns überraschenderweise die altlateinische Übersetzung der Evangelien, die vetus latina, die Dich als »Judas den Zeloten« vorstellt. Gehe ich recht in der Annahme, daß es noch andere »Zeloten« unter den Aposteln gab? Wie zum Beispiel Simon, der kein »Kanaanäer«, wohl aber ein »Kanáana« – d. h. ein Eiferer war? Auch der Beiname Bar-Jona des Petrus schlägt in dieselbe Kerbe. Auch die zwei Zebedäus-Söhne, die als »Donnersöhne« vorgestellt werden (Mk 3,17), machen nicht den Eindruck von Pazifisten. Wir heutigen können ja erahnen, wie sehr die Römer Euch Juden unterdrückt haben. Habt Ihr fünf Gesinnungsgenossen Hand in Hand gearbeitet? Hat dich Jesus so hoch geschätzt, daß er Dich mit der schwersten Aufgabe betraut hat – seiner Überlieferung an die Behörden? Oder ist Dir die Heilsgeduld geplatzt, und Du wolltest ihn zum Heilshandeln zwingen?

Ich gehe doch richtig in der Annahme, daß Ihr alle am Vorabend der Verhaftung Jesu miteinander das Pessachmahl gefeiert habt? Du kannst Dir nicht vorstellen, wie viele Gemälde hier in allen Museen gezeigt werden, wo – erschrick bitte nicht! – Ihr als Schinken-Esser mit Bauernbrot – und das am heiligen Pessachfest! – dargestellt werdet. Derart entfremdet hat man Euch, auch in der Kunst, von Eurem jüdischen Mutterboden! Im übrigen erscheint auf keinem der Gemälde eine Frau oder ein Kind. Ihr habt doch sicherlich – wie wir alle bis heute – damals im Obergemach (Lk 22,12) dieses Familienfest im Kreise aller Verwandten und Angehörigen begangen. Wo blieben da Maria Magdalena, die Marien, die Frau und Schwiegermutter des Petrus, die Frau des Zebedäus und all die anderen? Die europäischen Maler haben sie samt und sonders in die Küche verbannt. Das Fest muß in der Tat fröhlich gewesen sein, denn mir fällt auf, daß später im Garten Gethsemane einige von Euch mehrmals eingenickt sind, wie das Evangelium uns erzählt. Hier kann ich es mir nicht verkneifen zu bemerken, daß es unsereinem jedes Jahr in der Pessachnacht nach Genuß der vorgeschriebenen vier Becher Wein genauso ergeht. Sollte man Jesus die Rüge »Seid Ihr nicht stark genug, um eine

Stunde mit mir zu wachen?« (Mt 26,40) später in den Mund redigiert haben?

Doch zurück zu jener ernsten Nacht. Wie wir wissen, hat ja Jesus seinen Weg zum Kreuz ausdrücklich vorausgesagt (Mk 10,33f.) und betont: »Niemand nimmt mir mein Leben, sondern ich lasse es von mir selbst« (Joh 10,18). Kannst Du Dich erinnern, Judas, wann er zur Überzeugung gelangte, er müsse stellvertretend für andere sterben, um Sühne für sie zu erwirken – ganz im Sinne des Leidenden Gottesknechtes von Jesaia 53? Hat er Dir mitgeteilt, daß seine Messianität sich erst durch seine Todesqualen offenbaren würde? Ist das der Grund, warum Du, widerwillig, aber hilfsbereit Deinem geliebten Rabbi, seinem Wunsch gemäß, zu seiner Passion verholfen hast? Zusätzlich zu diesem heilsgeschichtlichen Ablauf wissen wir ja, daß auf rein irdischer Ebene der grausame Pilatus (Lk 13,1) den Rabbi ohnehin als messianischen Volksaufwiegler loswerden wollte. Deshalb sandten die Römer einen Oberst (Chiliarchos) mit einer ganzen Kohorte von 600 Mann (Joh 18,12), um ihn zu verhaften. Und könnte es sein, daß Du, nach dem tragischen Ende des Rabbis am Kreuz, ihm in den Tod gefolgt bist?

Mein lieber, mißverstandener Judas! Fast zwei Jahrtausende lang wurdest Du zu Unrecht verkannt, verdammt und verteufelt. Doch die Zeiten beginnen sich behutsam zu ändern, wie Du vielleicht auch vom Himmel aus beobachtet hast, wo Du sicherlich weilst und nicht, wohin Dich so manche Christen hinunter wünschen. Statt Zwist und Zwiespalt beginnen die Kirchen mit uns Juden die Zwiesprache. Man nimmt Stück für Stück zur Kenntnis, daß Jesus, alle Aposteln und die ganze Urgemeinde Juden waren. So konnte also ein protestantischer Theologe namens Karl Barth schreiben: »Es bleibt, daß auch Judas seinen Tod an der Stelle der anderen erlitten hat ... Daß Jesus faktisch nicht allein in den um der Sünde aller Apostel willen notwendigen Tod gegangen ist. Sondern mit ihm ging Judas« (Kirchliche Dogmatik II, 2, S. 532). Ja, sogar ein Kardinal namens Etchegaray hat Dir unlängst einen freundschaftlichen Brief geschrieben, in dem er betont, daß Jesus, »der noch vom Kreuz die Vergebung seines Vaters über alle Menschen herabrief ... auch Dir Vergebung erwirkt hat.« Worauf er seinen Brief mit den Worten schließt: »Adieu, Gott befohlen, Judas!« (»Wie der Esel vor Jerusalem«, München 1985, S. 20).

Wenn dieser Abbau von christlichen Vorurteilen und Feindbildern Fortschritte macht, müßte Deine Rehabilitation nur eine Frage der Zeit sein. Bis dahin ist aber noch viel zu tun, bis sich Deine Geschichte der Selbstaufopferung von den Friesischen Inseln bis nach Oberbayern herumsprechen wird! Daß der neue Geist der Verständigung seinen Widerhall auch in der Kanzelpredigt und im Religionsunterricht allerorts finden möge, ist unsere große Hoffnung!

Mit bestem Schalom-Gruß,
Dein Pinchas

An Maria

Liebe Maria,
dieser Brief ist längst überfällig, aber, um mit Deinen Worten zu sprechen, ich bewege dieses Anliegen schon lange in meinem Herzen. Ich bin halt etwas scheu geworden angesichts der vielerlei Gruppen, die Dich so fest umarmen wollen und Dich sozusagen als ihren Alleinbesitz erachten. Deshalb habe ich so lange in vornehmer Zurückhaltung von der öffentlichen Kontaktaufnahme mit Dir Abstand genommen! Nun aber langt es mir. Obwohl etliche Leser jetzt vor Wut schnauben werden, laß uns doch endlich das schreckliche Geheimnis lüften: daß Du meine liebe ältere Schwester bist, und zwar nicht nur nach dem Fleische, sondern gerade auch nach dem Geiste.

Man hat Dich zur Königin von Polen, Bayern und vielen anderen Orten, von denen Du nie gehört hast, erhoben, aber eine durch und durch jüdische Tochter, Frau und Mutter bist Du eben doch geblieben. Diese schlichte Tatsache paßt vielen Deiner Verehrer gar nicht in den Kram. Du solltest aus demselben Volk stammen wie etwa die beiden sogenannten Schächer an den Kreuzen zu Seiten Deines Sohnes? Oder gar eine Volksgenossin von Judas Iskariot sein? Wenn ich das in den Straßen von Lublin, Lourdes oder Santiago de Compostella verkünden würde, so würde man mich höchstwahrscheinlich einsperren – als Ketzer oder gar als Verrückter.

Ja, liebe Maria alias Miriam – sie haben Dich in den Himmel erhoben. Für die einen bist Du dort oben majestätisch engagiert; für die anderen fungierst Du als die allzeit bereite Trostspenderin, und neuerdings wurdest Du zur Gallionsfigur mancher Feministischen Theologie befördert, deren Vorkämpferinnen jetzt gegen ihr Mannsvolk zum Kampf blasen. Daß dies häufig in Deinem Namen geschieht, konntest Du Dir in Deiner präfeministischen Zeit in den kühnsten Träumen wohl kaum ausmalen, nicht wahr? Laß es mich doch einmal ohne Umschweife feststellen: Ich bin stolz auf Dich und Deine jüdischen Zeitgenossinnen in Jerusalem und ganz

Galiläa, die tapfer »ihren Mann« gestanden haben, in schweren Zeiten der Unterdrückung der Juden durch die Römer.

Heutzutage kann man rings um den ganzen Globus reisen und wird allerorts Schreine, Kapellen und Kirchen finden, die Deinen Namen tragen.

Weit hast Du es gebracht, Du Tochter des Joachim und der Anna! Mehrere große Feiertage werden alljährlich Dir zu Ehren in der Christenheit begangen. Marias Empfängnis z. B. – an diesem Fest bist Du eigentlich nur passiv beteiligt, indem man des Tages Deiner Empfängnis im Schoße Deiner Mutter Anna gedenkt. Der zweite Feiertag ist die Ankündigung durch den Engel Gabriel von Deiner bevorstehenden Schwangerschaft mit Deinem Erstgeborenen. Ein weiteres Fest ist der Tag Deines Besuches bei Deiner Verwandten, der Elisabeth in Beth Hakerem bei Jerusalem, die zeitgleich mit Dir schwanger war und kurze Zeit vor Dir einen Sohn gebar, Johannes »den Täufer«. Dieser wurde ein bedeutender Mann in Israel, wird aber leider in der Kirchenkunst, ähnlich wie Dein lieber Mann Joseph, oft als greiser Statist dargestellt. Es will mich schier bedünken, daß sie beide zu Hintergrundgestalten geschrumpft wurden, um Jesu Licht noch heller aufscheinen zu lassen. Der aber hat doch solche Regie gar nicht nötig! Der christliche Festkalender strotzt nur so von weiteren Marienfesten. Hoffentlich genießt Du im Himmel diesen Rummel.

Ja, ist es Dir zu Ohren gekommen, daß es im 4. Jahrhundert (nach der Geburt Deines Jesus) ernsthafte Bestrebungen in kirchenväterlichen Kreisen gab, um Dich als vierte Person in die Trinität aufzunehmen? Wenn diese nicht gescheitert wären, hätten die Christen heute eine heilige *Quaternität*. Dies wäre eine schiere Freude für so manche Deiner Verehrer, aber auch ein gewichtiger Anlaß für weiteres Kopfzerbrechen bei den Nachfahren der Reformatoren. Ich gehe doch richtig in der Annahme, daß Du vom Himmel her beobachten konntest, wie sehr man Dich Deinem angestammten Judentum entfremdet hat? So z. B. wird in der fernen Stadt Tschenstochau im Lande Polen jedes Jahr im August das Fest Deiner Himmelfahrt mit der Teilnahme von mehreren Hunderttausenden von Pilgern begangen. Sie beten eine schöne Statue von Dir an und müssen dabei häufig – wie 1989 – Predigten von höchster Stelle über sich ergehen lassen, in denen Dein Volk, die Juden, recht übel verleumdet wird.

Hast Du die Scheiterhaufen und die Rauchschwaden der ermordeten und verbrannten Juden die Jahrhunderte hindurch bemerkt? Sie wurden umgebracht, weil sie Deinem und dem Glauben Deines Sohnes bis zuletzt die Treue bewahrt haben – aber an ihn als Teil der viel späteren Trinität nicht zu glauben vermochten. Viele von diesen Märtyrern könnten sogar Deine leiblichen Nachfahren gewesen sein, da Du ja mit Joseph fünf Söhne und etliche Töchter zur Welt gebracht hast, wie uns Markus (6,3f.) berichtet.

Ja, Dein lieber Mann Joseph! Heiliggesprochen haben sie ihn zwar, in aller Munde ist er, aber seine Hauptrolle als Dein Gatte und Vater Deiner Kinder wird häufig heruntergespielt. In den Museen z. B. und in den meisten Weihnachtskrippen wird er weißhaarig, mit zerfurchtem Gesicht, sozusagen wie Dein Vater dargestellt. Du weißt doch noch, daß in unserer Tradition die galiläischen Zimmermänner als besonders klug und welterfahren galten, wie der Talmud uns berichtet.

Wie mußt Du ihn doch geliebt haben, als Du, dem Getratsche der Leute zum Trotz, damals bei Deiner Schwangerschaft mit Jesus alle Schwierigkeiten mit Deinem »Verlobten« zusammen durchgestanden hast! So etwas bringt ja nur eine liebende Frau fertig: in den letzten Wochen ihrer Schwangerschaft, auf Eselsrücken über Berg und Tal mit ihrem Mann tagelang auf der Flucht zu sein – von Nazareth bis hinunter nach Bethlehem. Nicht wahr, Maria, es war doch eine Flucht vor der römischen Besatzungsmacht, zu deren Gegnern Joseph allem Anschein nach in Wahrheit gehört hat. Sogar von den Kirchenvätern wissen wir ja – ganz abgesehen von unseren Quellen –, daß jener römische Zensus (Lk 2,1–2) eine brutale Steuer-Eintreibung war, die nur die Aussaugung der Bevölkerung bezweckte. Viele tapfere Männer setzten sich dagegen zur Wehr. Vieles spricht dafür, daß auch Dein Joseph zu ihnen gehörte. Im Neuen Testament wird uns ähnliches von etlichen galiläischen Juden deutlich erzählt. Eure spätere Flucht nach Ägypten mitsamt dem Säugling Jesus kann nur als weiteres Beweisstück dafür dienen, denn von einem staatlich verordneten Massen-Kindermord seitens des Herodes weiß keine historische Quelle zu berichten.

All diese Begebenheiten: Deine Vermählung, die Geburt Deines Erstgeborenen und die zwiefache Flucht, wurden viel später von Heidenchristen mit Volldampf allegorisiert. Um diesen Vorgang zu untermauern, wird der Prophet Jesaia herbeibemüht, der, wie Du ja weißt, über sieben Jahrhunderte vor Eurer Zeit in Jerusalem gelebt und gepredigt hat.

Um das Jahr 730 vor Jesu Geburt war Jerusalem belagert und sehr gefährdet. Unter diesen Umständen wollte Jesaia dem verzweifelten König Achas von Judäa Mut einflößen. Er zeigte auf eine schwangere junge Frau (auf hebräisch Alma) und weißsagte, daß zur Zeit der künftigen Geburt ihres Sohnes Jerusalem bereits befreit sein würde. Aus Dankbarkeit zu Gott würde sie dann den Knaben Immanu-El (»Gott mit uns!«) nennen – und so geschah es auch (Jes 7,14).

Diese allen Juden bekannte Geschichte hat Matthäus jedoch in einer griechischen Fehlübersetzung vorgefunden, die aus der »jungen Frau« eine »Jungfrau« gemacht hatte. Da er aber die Jesaia-Geschichte auf Dich bezogen hat (Mt 1,22 f.), stellt sich die Frage: Warum hast Du Deinen Sohn eigentlich nicht Jesus-Immanu-El genannt? Jungfrauengeburten waren zu Deiner Zeit im ganzen Mittelmeerraum sehr gefragt – außer bei den Juden. Doch halt! Hier betrete ich bereits kirchlich-dogmatischen Boden, was nicht meine Absicht ist. Schließlich bin ich nicht gekommen, um den Glauben anderer zu erschüttern. Aber Deine Familiengeschichte ist ja Teil unserer jüdischen Geschichte und fasziniert mich sehr. Ohne Zweifel gehört sie auch zum jüdisch-christlichen Dialog.

Dein Lobgesang, das *Magnifikat*, beflügelt bis heute viele bedrückte Menschen und unterjochte Völker. Wir finden in Deinem aufregenden Befreiungslied Spuren vom Lied der Hanna, der Mutter des Propheten Samuel, aber auch Geist vom Geiste der Makkabäer-Mutter Hanna, die ihre sieben Söhne für den jüdischen Glauben und die Freiheit Israels hingegeben hat.

Jedes Jahr am 25. Dezember feiern die Christen überall die Geburt Deines Jesus. Die Festriten und Gebräuche dieses Tages würdest Du aber nicht wiedererkennen, da sie großteils auf »getauften« Heiden-Sitten beruhen: Sechzehn Millionen Tannenbäume werden Jahr für Jahr allein in der Bundesrepublik gefällt und in christlichen Wohnzimmern aufgestellt. Hat das etwas mit Bethlehem oder mit Nazareth zu tun? Die meisten Haushalte hier verzehren Euch zu Ehren dabei eine leckere Weihnachtsgans und erwarten Jesu Wiederkunft. Aber o Schreck! Wenn er – und hoffentlich auch Du mit ihm – zu dieser Festzeit kommen solltet – die Gans ist nicht koscher zubereitet! Bei Jesu getreuer Befolgung aller Tora-Satzungen (Mt 5,18) wird er wohl entsetzt die Teilnahme an diesem Festschmaus ablehnen, wie ich befürchte.

Bei mir zu Hause seid Ihr aber immer willkommen, noch dazu auf hebräisch und aramäisch. Oder habt Ihr inzwischen deutsch gelernt? Wenn auch viele Christen Euer Judesein am liebsten totschweigen würden, steht doch eines fest: Das Neujahr in der ganzen Christenwelt wird nicht an Jesu Geburtstag gefeiert, sondern acht Tage später, am 1. Januar, dem Tag seiner Beschneidung, also seiner Judewerdung.

Mir macht es Freude, daß Ihr (laut den Evangelien) die jüdischen Feste genau wie wir heute begangen habt: von Pessach über Pfingsten bis zu Channuka, dem Tempelweihfest, das in der deutschen Übersetzung eines gewissen Martin Luthers zum Kirchweihfest umfunktioniert wurde. Leider wird unsereiner beim alljährlichen Zyklus dieser Feste sich des Älterwerdens immer mehr bewußt. Du aber, liebe Schwester, scheinst gegen das Altern gefeit gewesen zu sein. Keine Frau wurde so oft wie Du in Stein gehauen, in Holz geschnitzt und auf Leinwand gemalt, aber immer in strahlender Jugendfrische. Hast Du, liebe Maria, niemals weiße Haare oder Falten im Gesicht bekommen? An Sorgen hat es Dir doch wahrlich nicht gefehlt. Als Mutter eines so genialen Sohnes hast Du es gewiß nicht leicht gehabt. Daß es gelegentlich Spannungen bei Euch in der Familie gegeben hat, merkt man zwischen den Zeilen und hinter den Worten der Evangelisten. So z. B. bei der Hochzeit zu Kana, wo es offensichtlich zu einem scharfen Wortwechsel zwischen Dir und Jesus kam, was aber keiner Mutter erspart bleibt. Was Kana betrifft, glaube ich dem Grund Eures Zwistes auf die Spur gekommen zu sein. Doch darüber ein andermal. In einem anderen Fall behauptete Eure ganze Familie, »er ist von Sinnen«, wobei die Rede von Jesus war (Mk 3,21). Außerdem war er in gewissen Kreisen als »Schlemmer und Säufer« (Mt 11,19) oder als »verrückt« (Joh 10,20) verrufen. Mir will scheinen, daß zu solchen Äußerungen insbesondere Verwandte imstande sind! War dem so, liebe Maria? Wie dem auch sei, das alles macht ihn mir nur noch sympathischer. Es ist eben ein Armutszeugnis für unsere Welt, daß die Leuchten der Menschheit nur allzuoft als Spinner oder Schwärmer verkannt werden, wie es fast allen Propheten Israels schon immer ergangen ist. Wie schmerzlich muß es für Dich gewesen sein, als Du ihn ansprechen wolltest und er Dich öffentlich abwies (Mt 12,47–49). Du hast ihm sicherlich längst vergeben, wie es alle Mütter und Väter bis auf den heutigen Tag tun, um so mehr, wenn sie von der Sendung ihrer Kinder überzeugt sind.

Genau deshalb beten ja so viele Christen zu Dir um Fürsprache. Du bist bei ihnen bekannt als die immer Gütige, Nachsichtige und Hilfreiche. Ich habe den Eindruck, daß Dein Sohn hingegen für manchen Christen etwas furchterregend wirkt. Er verlangt ja gar nicht wenig: Buße tun, Reue üben und gute Taten in Mengen. Und als strenger Richter beim Jüngsten Gericht ist er obendrein angekündigt!

Neuerdings wird Dein Sohn von etlichen Hobbytheologen als Befreier der jüdischen Frauen vom angeblichen Männerjoch gefeiert. In den Evangelien wird uns ganz penibel von vielen Streitfragen und Lehrgesprächen Jesu mit seinen rabbinischen Kollegen berichtet. Häufig geht es dabei um Kleinigkeiten wie etwa das Händewaschen, die Einführung neuer Fasttage und die Verzehntung von Dill, Minze und Kümmel. Wenn er also in einer so zentralen Frage wie der Stellung der Frau mit den Rabbinen gestritten hätte, so reicht meine Phantasie nicht aus, um mir die vor Schadenfreude strahlenden Berichte darüber im Neuen Testament vorzustellen. Aber, höre und staune, kein Sterbenswörtchen finden wir über solch einen Zankapfel in den Evangelien! Hätte es je einen solchen Streit gegeben, so hätte man ihn sicherlich nicht »in allen ihren Synagogen« Sabbat für Sabbat predigen und lehren lassen, wie uns sage und schreibe über ein dutzendmal in den Evangelien berichtet wird (z. B. Lk 4,16).

Nun sind wir beim heißen Eisen namens *Frau* angelangt. Ob Jesus verheiratet war und wie wir seine Einstellung zu Maria Magdalena beurteilen sollen, ist ein nie versiegendes Streitthema hierzulande.

Ich selbst glaube, daß er ledig geblieben ist, weil er dauernd auf der Flucht vor den Römern und von seiner Sendung für Israel vollkommen ergriffen war, wie ich anderswo recht schlüssig und ausführlich dargelegt habe. Apropos Magdalena. Im Neuen Testament wird sie als von ihm geheilt und als seine treueste Begleiterin vorgestellt. Es gibt aber ein apokryphes, also ein außerkanonisches Evangelium namens *Philippus*, in dem zu lesen ist: »Die Frauen wandelten mit dem Herrn allezeit; Maria, seine Mutter, deren Schwester und Magdalena, die seine Paargenossin genannt wird ... Maria Magdalena liebte der Heiland mehr als alle Jünger, und er küßte sie oftmals auf ihren Mund. Die übrigen Jünger kamen zu ihr und machten ihr Vorwürfe. Zu ihm sagten sie: »Weshalb liebst Du sie mehr als alle?« Ich selbst will mich dazu aus ökumenischer Rücksichtnahme nicht äußern. Viele Christen jedoch diskutieren diese Fragen mit Gusto. Wie war eigentlich Deine Beziehung zu Magdalena, die Du doch sicherlich gekannt hast und die mit Dir unter dem Kreuz gestanden hat? So manche heutige Mutter wäre zumindest ein bißchen eifersüchtig auf die »Paargenossin« ihres Sohnes gewesen. Vielleicht schreibe ich ihr demnächst ebenfalls einen Brief, so sehr interessiert mich diese großartige Frau, die von so manchem Theologen verwechselt und vermischt wird: mit der »Sünderin«, die Jesu Füße mit ihren Tränen benetzt oder diese mit ihren Haaren trocknet; mit einer stadtbekannten Dirne oder mit der »Salberin«, die Jesu Kopf (oder seine Füße) mit kostbarem Salböl übergossen hat. An noch weiteren Konfusionen fehlt es nicht. Da Miriam, was später zu Maria wurde, ein Allerweltsname im damaligen Israel war, haben die Endredaktoren der Evangelien die verschiedenen Mariengestalten höchstwahrscheinlich durcheinandergebracht. Vielleicht wollte man damit auch die enge Beziehung Jesu zu Magdalena retouschieren und wegerklären.

Eine weitere meiner Lieblingsgestalten ist die Frau des Zebedäus, also die Mutter von Jakobus und Johannes, die Dir doch alle wohlbekannt waren. Wie Du Dich sicherlich noch erinnerst, gehörten diese beiden Männer zu den feurigsten Anhängern Deines Sohnes. Auf seinem letzten Weg nach Jerusalem wollte er mit den Jüngern in einer Samaritanerstadt übernachten, wurde dort aber abgewiesen. Worauf die zwei Zebedäus-Söhne ihm angeboten haben, »die Stadt mit Feuer zu vernichten«, was Jesus natürlich abgelehnt hat (Lk 9,51–56). Diese zwei Söhne des Zebedäus finden wir öfters in großer Nähe zu Jesus – gerade bei den aufregendsten Ereignissen seines Lebens: z. B. bei der Auferweckung der Tochter des Jairus oder bei der Verklärung auf dem Tabor; ferner sind sie in Gethsemane in der Nacht seiner Verhaftung bei ihm. Unser Freund Paulus zählt sie mit Recht »zu den Säulen der Gemeinde«. In heutiger Sprache würde er wohl gesagt haben, daß sie zum »harten Kern« der Jesusbewegung gehört haben.

Die Erwähnung in der Apostelgeschichte von einem im Auftrag des Herodes hingerichteten Jakobus wird von vielen Theologen heutzutage als nicht auf unseren Zebedäiden zutreffend erachtet.

Du weißt ja am besten, wie viele jüdische Männer namens Jakobus es zu Euren Zeiten gegeben hat. Sogar einer Deiner Söhne trug diesen beliebten Namen. Verwechslungen bei der Niederschrift der Evangelien waren wohl unvermeidlich.

Noch heute aber erkennen wir die Einsatzbereitschaft der Zebedäiden und ihre Treue zu Jesus. Eigenschaften, die auch ihre Mutter bewies, die mit ihnen in Jesu Gefolgschaft durch das Land zog und später auch mit Dir, Maria, unter dem Kreuz gestanden hat (Mt 27,56).

Die Zebedäus-Familie ist mir besonders ans Herz gewachsen. Dieselben zwei Jünger baten Jesus inständig, »zur Rechten und zur Linken in seiner Herrlichkeit sitzen zu dürfen« (Mk 10,35–40). Er aber fragte sie, ob sie den Kelch (des Leidens) zu trinken bereit wären, wie er es war, was sie eindeutig bejahten.

Liebe Maria, leider ist es heute nicht mehr bekannt, daß »das

Sitzen in Herrlichkeit« (Mk 10,37) zu Deiner Zeit den Märtyrertod am Römerkreuz bedeutete, wie sogar auch der Römer Seneca uns berichtet. Dazu waren also Jakobus und Johannes bereit, um mit Jesus zusammen den »Kelch der Leiden« bis zur Neige zu leeren – für ihren Glauben und ihr Volk. Das Sitzen am Kreuz war sozusagen wörtlich gemeint, denn die Kreuze hatten ja ein SEDILE, eine Art von Sitzpflock. Damit wollten die Römer keineswegs ihre Opfer schonen, sondern ganz im Gegenteil deren Leiden verlängern, wie sowohl römische Quellen als viele Ärzte uns bestätigen. All dies wußte auch die tapfere Mutter dieser Zebedaiden, die aber – stelle Dir vor, Maria! – seit den Evangelien und bis zum heutigen Tag einer schrecklichen Verleumdung zum Opfer gefallen ist. Sie wird uns geschildert als eine Frau, die nichts anderes im Kopf hat als die Förderung der Karriere ihrer Söhne bei deren Meister (Mt 20,20–23). Weit gefehlt! Sie reiht sich vielmehr ein in die Schar all der großen Mütter in Israel, die ihre Söhne auf ihrem tragischen Leidensweg ermutigt haben und bis zuletzt zu ihnen gestanden haben. Und deshalb, liebe Maria, stand sie neben Dir unter den drei Kreuzen auf Golgotha (Mt 27,56), weil Eure Söhne dort verbluteten. Es ist hoch an der Zeit, diese Heldin zu rehabilitieren, ihre Söhne aber auch!

Denn sie waren weder »Schächer« oder »Räuber«, wie es in den Evangelien steht (z. B. Mt 27,38), denn solche wurden nach römischem Recht *nie* gekreuzigt, sondern enthauptet. Ans Kreuz geschlagen aber wurden nur Widerstandskämpfer und Patrioten, wie sie unsere Zebedaiden waren.

Liebe Maria, der Brief ist viel zu lang geworden, aber so vieles Unbewältigtes steht zwischen uns seit fast zwei Jahrtausenden im Raum. So manche Juden versuchen heutzutage, Deinen Sohn und die Urgemeinde, ja sogar den Rabbi von Tarsus ins Judentum heimzuholen. Sehr lobenswerte Bemühungen im Sinne der interreligiösen Versöhnung, aber eigentlich überflüssig, da sie alle sich ja nie vom Judentum losgesagt haben. Was aber in der Tat sehr zu bedauern ist, sind die vielen Fehldeutungen, Vorurteile und Falschübersetzungen von Jesu Worten und Taten, die die Heidenchristen zwischen Euch und uns aufgehäuft haben. Sie gilt es abzuräumen und zu korrigieren, ohne Synkretismus oder Grenzüberschreitungen zu fördern. Seine Rolle als Heidenheiland sei den Christen natürlich unbenommen.

Dich, liebe Schwester, haben sie uns aber gründlich entfremdet, obwohl gerade Du der Inbegriff einer schmerzensreichen jüdischen Mutter warst und geblieben bist. An Deinem Sohn, für ihn und um ihn hast Du immer wieder gelitten, wie es unzählige Gemälde so beredt verewigen. Der greise Rabbi Simon hat leider recht behalten, als er Dir seinerzeit nach Jesu Geburt in Jerusalem im Tempel ankündigte, daß »ein Schwert Dir durch die Seele dringen wird« (Lk 2,35).

Gegrüßet seist Du, Maria,
und Gott befohlen!
Dein Pinchas

An einen Pharisäer

Lieber Pharisäer,
sei mir nicht böse, daß ich Dich so anonym anschreibe, aber ich wende mich an Dich, stellvertretend für alle Deine Kollegen. Ich könnte Dich mit Fug und Recht zum Beispiel auch als Hillel, als Gamaliel, Nikodemus oder Joseph von Arimathia ansprechen, die alle, wie Du und ich nur zu gut wissen, Pharisäer waren. Dies bezeugt ja auch das Neue Testament, auf das ich gleich noch zu sprechen komme. Ja, ich könnte Dich sogar als *Rabbi Jeschua* von Nazaret titulieren, den sie inzwischen auf Jesus umgetauft haben, denn auch er war einer von Euch Pharisäern, wie seine echten Worte im besagten Neuen Testament bezeugen.

Warum schreibe ich Dir ausgerechnet heute, nachdem Du über 1900 Jahre lang wahrscheinlich von der *Mischpoche* (d. h. Familie) keine Post bekommen hast? Vorige Woche war ich nämlich auf einer jener »fernsten Inseln« eingeladen, von denen der Prophet Jesaia damals schon in seiner Vision von der Monotheisierung der Welt geträumt hat. Es war eine friesische Insel, deren Einwohner in der Tat schon von Jesaia und dem Gott Israels gehört haben. Dort wurde ich ganz herzlich bewirtet, und zu guter Letzt bot man mir einen leckeren Trunk an, der Deinen Namen trägt: ein Schlückchen *Pharisäer*! Du bist also in aller Munde, wie es sich herausstellt, kommst aber im übrigen dabei recht schlecht weg. Das Getränk, das aus Kaffee und Branntwein besteht, will nämlich den Stockfrommen dort oben den Alkoholgenuß vertuschen. Anstatt redlich zu sagen: Gebt mir einen Tropfen *Heuchler*, sagt man weit und breit: »Ich möchte einen *Pharisäer*!« und dagegen lehne ich mich auf.

Dieser Mißbrauch Deines guten Namens reicht bis in die Politik hinein. Du wirst es nicht fassen, wie viele ehrenwerte Christen sich gegenseitig als »Pharisäer« beschimpfen, wobei sie eigentlich »Betrüger« meinen. Dies geschieht häufig sogar im Bundestag aus dem Munde hoher und höchster Funktionäre. Vor nicht langer Zeit hat z. B. im Frankfurter Wahlkampf der dort vorgestellte

Kanzleraspirant, ein Mann namens Lafontaine, seine Gegner öffentlich als »Pharisäer« angeprangert, was als Beleidigung gemeint war und auch so aufgefaßt worden ist!

Wie abschreckend Du in der kirchlichen Predigt dastehst, will ich Dir bei Gelegenheit schonend und behutsam berichten.

In vielen deutschen Wörterbüchern (sogar nach 1945!) lesen wir unter der Vokabel »pharisäisch« folgende Erklärung: »Selbstgefällig, heimtückisch, heuchlerisch, scheinheilig, arglistig, engstirnig«, und wir werden informiert, daß der Gegenbegriff der »aufrichtige, treue Mensch« sei. Warum hast Du eigentlich so ein schlechtes Image bekommen? so müßte jetzt jeder anständige Mensch fragen. Dieser bedauerlichen Entwicklung will ich heute versuchen, auf die Spuren zu kommen.

Ich will jedoch Deinen Schock, lieber Freund, etwas mildern. Die Mehrheit aller Juden seit dem Jahr 70 leben, glauben und lehren – schlecht oder recht – nach Eurer Lehre. Von allen Strömungen im Judentum Deiner Zeit hat also die pharisäische den Sieg errungen und ist richtungs- und tonangebend geblieben. Ich habe den Eindruck, daß Du Dich, lieber Kollege, heutzutage unter den Rabbinern ganz zu Hause fühlen würdest; sie sind genauso zerstritten über Auslegungsfragen der Tora wie zu Deiner Zeit. Ja, es gibt sogar ein geflügeltes Wort: Drei Juden – vier Meinungen! Mit dem jüdischen Fußvolk haben sie ähnlichen Ärger wie Deine Zeitgenossen: Das Unwissen ist groß, wobei es doch so leicht wäre, mit gutem Willen und besseren Lehrern Abhilfe zu schaffen. Fremden Götzen läuft das Volk noch immer nach ganz wie ihre nichtjüdischen Nachbarn, worüber Ihr immer mit Recht gedonnert habt. Heute heißen die Götzen allerdings nicht mehr Mithras, Jupiter oder Athene, sondern Porsche, Macht und Zweitwohnung.

Zurück zu Dir, mein Verehrter. Es ist doch richtig, daß Du in den Wirren des Jahres 70, als die römische Besatzungsmacht den Tempel mitsamt ganz Jerusalem brutal zerstört hat, mit umgekommen bist. Du wirst damals so um die 75 Jahre alt gewesen sein und hast daher eine der schicksalhaftesten Epochen in unserer Geschichte vom Jahre Null bis 70 miterlebt. Ich höre Deinen Aufschrei: Was heißt hier NULL? Hat nicht die jüdische Geschichte schon lange vorher existiert, und nimmt sie nicht ihren Lauf auch weiterhin? Weshalb bedarf es dann eines Einschnitts NULL in der Zählung? Recht hast Du, lieber Rabbi. Wir zählen heute in der Tat das jüdische Jahr 5750. Nun höre aber und staune!

Dein schon erwähnter Kollege, Rabbi Jeschua von Nazareth, hat unter dem Namen Jesus eine derartige weltweite Karriere gemacht, daß im ganzen Abendland und darüber hinaus vom Tag seiner Beschneidung an (Lk 2,21) eine neue Zeitrechnung begonnen wurde, die bis heute weiterläuft. Du wirst Dich sicher freuen zu erfahren, daß die ganze Christenheit also alljährlich ihr Neujahrsfest am Tage seiner Judewerdung, nämlich am 1. Januar, feiert. Seinen Geburtstag begehen sie als Familienfest am 25. Dezember allerorts. Diesen »Welterfolg« hat Jeschua leider teuer bezahlen müssen, damals am Römerkreuz um Pessach anno 33. Warst Du in Jerusalem zu der Zeit? Oh, könntest Du mir nur erzählen, wie es sich wirklich begeben hat! Jene drei Tage haben unser aller Schicksal mitgeprägt bis auf den heutigen Tag. Meine Fragen an Dich sind also Legion. Aber ich will mich bezähmen.

Aus dem Talmud, der zu Deiner Zeit noch gar nicht niedergeschrieben war (wie auch das Neue Testament), weiß ich, daß Ihr Pharisäer damals in sieben Lehrschulen gespalten wart, die in verschiedenen Zugängen zur Tora um deren Auslegung für eine sich verstädternde Bevölkerung bemüht waren. Diese demokratische Mehrgleisigkeit finde ich – und andere mit mir – ganz nützlich, insbesondere wo auch Eure Minderheitsvoten in den Debatten im Talmud bis heute überliefert werden. Ganz abgesehen vom Judentum, beobachtest Du sicherlich vom Himmel her, in wie viele Richtungen z. B. die Katholiken in Deutschland gespalten sind: von Lefevre über Dyba und Ratzinger bis Küng und Drewermann; bei den Protestanten gibt es Parallelen: von Scheffbruch und Beyerhaus im evangelikalen Lager über Pannenberg und Dorothee Sölle bis zur radikalen feministischen Theologie. Ihr wart bekanntlich eine große Volkspartei, die Partei der kleinen, frommen Leute. Den vornehmen Sadduzäern – die Jerusalemer Kurie, bestehend aus rund 50 Familien – wart Ihr nicht grün, und mit den fanatischen Zeloten wart Ihr keineswegs unter einem Hut.

Zu einer Eurer Schulen, die miteinander im Meinungsstreit lagen – wie die Parteien heute –, gehörte also Rabbi Jeschua, den ich als einen ganz bedeutenden Lehrer der Menschheit erachte. In christlichen Kreisen ist er der Heiland und gilt sogar als Sohn Gottes, wenn nicht noch mehr. Das gesamte Heilsvokabular der Kirchen beruft sich auf ihn, der als Jude geboren, beschnitten und konfirmiert (Bar-Mitzwa) wurde und dann natürlich als frommer Jude gelebt und gelehrt hat und auch als solcher von den Römern gekreuzigt worden ist. Es geht um das Himmelreich, die Sündenvergebung, die Messianität, die Auferstehung von den Toten, Buße und Gnade und vieles mehr – lauter Dir und mir vertraute Hebraismen aus dem rabbinischen Lehrgut. Ich beanspruche natürlich keinerlei Patentrecht auf diese Terminologie, würde mich ganz im Gegenteil sehr freuen, wenn mehr der Getauften immer bessere Nachfolger des Meisters aus Nazareth werden würden. Lieber Pharisäer, Du wirst es kaum glauben, der Tischlersohn aus Nazareth hat eine enorme Gefolgschaft von Anhängern gewonnen: Gläubige, Schwergläubige und Wundergläubige auch. Jedes seiner Worte wird bis zum letzten Jota von ihnen analysiert, viviseziert und diskutiert, wobei viel Tinte, früher leider auch Blut vergossen worden ist.

Eine Frage läßt so manchen von ihnen nicht zur Ruhe kommen: War er verheiratet oder nicht? Und wenn ja – war es jene Miriam aus Migdal am See? Du magst denken: Seltsame Sorgen haben diese Erdlinge heutzutage! Auch ich werde oft danach befragt. Ich schätze den Meister so hoch, daß sein Familienstatus nichts an seiner Größe ändern kann. Nach den uns überlieferten Lebensläufen neige ich zu der Annahme, daß er ehelos war und geblieben ist, nicht jedoch zölibatär aus Prinzip, sondern weil er dauernd auf der Flucht vor den Römern war (Lk 13,31) und einer Familie möglicherweise solch ein Schicksal nicht zumuten wollte. Außerdem ließ sein gewaltiges Sendungsbewußtsein wohl keinen Raum für persönliche Bindungen. Da denke ich oft an unseren Kollegen, Rabbi Ben-Azzai, eine Leuchte Israels, den ich aus dem Talmud kenne. Er blieb ledig und sagte seinen Schülern: »Meine Seele ist so erfüllt von der Tora, daß eine Ehe einer Bigamie gleichkommen würde.« So ein Argument kann ich mir auch von Jeschua vorstellen.

Die schwerwiegendste Frage, die ich Dich heute fragen möchte, lautet: Ist etwas zwischen Euch oder einer der Sieben Schulen und Jeschua schiefgelaufen, oder stammt Euer schlimmes Image gar von den Endredaktoren der Evangelien? Diese Berichte wurden ja, wie Du erfahren haben wirst, erst zwischen den Jahren 80 und 100 verfaßt. Das war aber, nachdem die jesuanisch-jüdische Urgemeinde in Jerusalem im Jahre 70 untergegangen war und der neue Christenglaube sich in der Heidenwelt des Kaiserreiches durchsetzen wollte. Da war ihnen ein jüdischer Heiland, der noch dazu von Pilatus als Rebell hingerichtet worden war, untragbar, und ein pharisäischer Hintergrund erst recht. Wieso komme ich auf Rebell, wirst Du fragen! Weil nach damaligem Römergesetz nur Rebellen und entlaufene Sklaven gekreuzigt wurden.

Bei dieser Umredigierung der Evangelien wurdet Ihr Pharisäer kollektiv zu Bösewichten entwürdigt, von denen sich die junge Kirche um jeden Preis distanzieren wollte, um so mehr, als »die Juden« in Bausch und Bogen als Aufständische gegen Rom im ganzen Mittelmeerraum verrufen waren. Einen frommen pharisäischen Rabbi, der sein Volk liebte, auch wenn er es, wie die Propheten vor ihm, häufig zurechtwies und schalt, konnte die Heidenkirche nicht brauchen. Daher wurde im Neuen Testament ein Riesenkeil zwischen ihn und Euch hineingestemmt. Ich glaube, daß ihn diese künstliche Trennung sehr schmerzen muß: ihn, der deutlich betont hat, daß er wie Ihr »nur zu den verlorenen Schafen des Hauses Israel gekommen war« (Mt 15,24) und mit den Heiden, von wenigen Ausnahmen abgesehen, zeitlebens nichts zu tun haben wollte (Mt 10,5 u. a.). Er, der Euch Pharisäer wiederholt lobend erwähnt (Mk 12,34; Mt 23,2) und Eure Lehrmethoden und Gleichnisanwendung zu teilen pflegte; er, der nicht einmal bereit war, auf ein einziges Jota der Tora zu verzichten (Mt 5,18), ja der sogar auf die Verzehntung von Gartengewürzen bibelgemäß insistiert hat (Mt 23,23).

Zurück zu meiner Frage eines möglichen Konfliktes zwischen Euch und Jeschua. Der Quellenbefund ergibt, daß zwischen ihm und Euch die üblichen Lehrgespräche stattgefunden haben, die aber von den Endredaktoren der Evangelien aus den geschilderten Gründen zu gehässigen »Streitgesprächen« verschärft und umfunktioniert worden sind. Der gutwillige Leser jedoch, dem es um die historische Wahrheit geht, kann mühelos feststellen, daß Jeschua mit Euch und Euren Anhängern gefeiert und gegessen hat (Lk 7,36; Lk 14,1), ja in all Euren Synagogen Sabbat für Sabbat gepredigt und die Tora ausgelegt hat (Lk 4,16; Mt 4,28 und zwölf weitere Stellen). Ebenso erfährt er, daß etliche von Euch ihm sogar das Leben gerettet haben, wie in Lk 13,31 nachzulesen ist. Und das wichtigste: In seiner gesamten Passionsgeschichte erscheint Ihr Pharisäer nur auf seiner Seite als Mitleidende – von der ganzen Jüngerschar, die weit größer war als zwölf Apostel, über das »viele Volk«, das ihm konsequent folgte und an seinen Lippen hing, dem Frauenverein in Jerusalem, die ihm am Kreuzweg einen lindernden Betäubungstrank geben wollten, bis zu den beiden »Schächern«, die zu seinen Seiten mitgekreuzigt wurden. Nicht zu vergessen ist Dein Kollege, Joseph von Arimathäa, der unter Lebensgefahr Jeschuas Leichnam von Pilatus erbettelte, um ihn würdevoll in seiner Familiengruft zu bestatten. Wir heutige können uns die Situation recht gut vergegenwärtigen, wenn wir an Bonhoeffers Hinrichtung unter Hitler denken. Kanntest Du übrigens die beiden mitgekreuzigten »Schächer«? Was sagst Du dazu, daß sie, wie ich meine, Freiheits-Märtyrer waren, an denen die römischen Besatzer zuerst Rufmord und dann Leibesmord begangen haben? Denn Schächer und Räuber wurden ja bei den Römern nie gekreuzigt, sondern enthauptet. Das erinnert mich an die Nazis in Paris 1942, die die französischen Widerstandskämpfer als »Saboteure« verleumdeten, bevor sie sie dann umbrachten.

Zurück zu Eurer Zeit. Daß Jeschua wie andere von Euch mit dem sadduzäischen Establishment im Clinch lag, ist ja bekannt und gehört nicht zum Anliegen meines heutigen Briefes. Daß außer den dreien von Golgotha noch Tausende andere von Euch Pharisäern durch die Römer ebenso unschuldig gekreuzigt wurden, ist leider in Vergessenheit geraten. Ihr seid also seit fast zwei Jahrtausenden arg verleumdet worden, und erst heutzutage bemüht man sich schrittweise in den Kirchen, Euch Gerechtigkeit widerfahren zu lassen. Noch aber ist viel zu tun, da es doch gar nicht so leicht ist, alle Übel und Irrtümer der Kirchengeschichte, die man Euch in die Schuhe geschoben hat, aufzuklären und richtigzustellen.

Stell Dir vor: Etliche Damen, als feministische Theologinnen bekannt, beschuldigen Euch an allem, was ihnen an ihren Kirchen nicht paßt. Ähnliches gilt für einige der Naturschützer, der Tierfreunde und der Pazifisten. Unsereiner ist voll beschäftigt mit dem bescheidenen Versuch, anhand der Bibelquellen Euren Ruf zu rehabilitieren. Übrigens: Wer Euch verleumdet, verunglimpft damit auch den hierzulande sehr bekannten »heiligen« Paulus alias Rabbi Scha'ul von Tarsus, der sich im Neuen Testament stolz als »Pharisäer und Sohn von Pharisäern« vorstellt (Apg 23,6) und sich des öfteren auf seinen Lehrer Gamaliel beruft (Apg 22,3 u. a.), der, wie Du ja weißt, Euer Schulhaupt war.

Lieber Freund, Du wirst entsetzt sein zu lesen, was für einen schweren jüdischen Blutzoll im Laufe der Jahrhunderte eine einzige Zeile in einem einzigen Evangelium gefordert hat. »Sein Blut komme über uns und unsere Kinder!« (Mt 27,25) Das soll angeblich eine jüdische Volksmenge vor dem Richtstuhl des Pilatus in Jerusalem geschrien haben. Du wirst nicht glauben, was Christen alles daraus konstruiert und zum Anlaß für Raub und Mord an Juden gemacht haben. Aus der »Volksmenge« von höchstens 2000 Menschen, die dort Platz gehabt hätten und vielleicht etwas geschrien haben, wurde im Handumdrehen »das ganze Volk« (der Juden) kollektiv beschuldigt – in ganz Jerusalem, im ganzen Lande Israel, ja in der ganzen Welt und sogar für alle Zeiten! Als ob sich der grausame Pilatus je etwas von den unterdrückten Juden hätte vorschreiben lassen! Wie brutal er Euch alle wirklich behandelt hat, kann man z. B. in Lk 13,1 nachlesen. Du magst wehmütig lächeln, wenn ich Dir versichere, daß ich und viele Juden mit mir im Gegensatz dazu niemals »die Deutschen« kollektiv an dem von den Nazis begangenen Völkermord an sechs Millionen Juden beschuldige.

Lieber Freund, es geht mir nicht um das Aufreißen alter Wunden, sondern um das *richtige* Gedenken der Vergangenheit um der

Zukunft willen. Keiner von uns denkt an eine Zensur der Heiligen Schrift der Christenheit. Aber man wird doch erwarten dürfen, daß die Kirchen heutzutage mit ihrer Theologie der Liebe (die auch von uns stammt: Lev 19,18, wie Du und ich wissen) auch ohne pharisäische Prügelknaben und jüdische Sündenböcke auskommen können. Denn von den Kirchen ging ja ursprünglich die antipharisäische Verleumdung aus, die dann in die Bereiche von Erziehung, Gesellschaft, Politik und Medien ausuferte. Mir scheint, daß Rabbi Jeschua und seine Botschaft hell genug aufleuchten, so daß sie keinen schwarzen pharisäischen Hintergrund als Kontrast benötigen. Wer Jeschua bzw. Jesus heute ernst nimmt, der sollte auch imstande sein, die Wahrheit zu verkraften und sie dem Kirchenvolk zu verkündigen: daß nämlich Jesus von Nazareth ein großer pharisäischer Lehrer – mit seinem Sondergut – war, der zum Heiland der Kirchen geworden ist. Das hat nichts mit Kirchendogmatik zu tun, in die ich mich bestimmt nicht einmischen will. Mir geht es nur um den Menschen Jesus, wie er bekanntlich auch im Credo aller Kirchen aufleuchtet.

Mit Hilfe des Vatikans und der EKD müßt Ihr, liebe Pharisäer, schleunigst von Kiel bis Konstanz und in aller Welt endlich rehabilitiert werden. Von löblichen Anfängen in diesem Sinne kann ich Dir bereits berichten. Lieber Rabbi, Du siehst ja vom Himmel täglich, wie schwer und schier unlösbar die Probleme sind, mit denen wir hinieden zu ringen haben – teils naturbedingt, teils selbst verschuldet.

Nur gemeinsam können wir Juden und Christen ihrer Herr werden. Um diese Zusammenarbeit zu fördern, muß das alte Geröll von Vorurteilen, Feindbildern und Fehlübersetzungen endlich weggeräumt werden, um Platz zu machen für eine tragfähige Brücke in eine bessere Zukunft. Eure längst fällige Rehabilitation gehört unverzichtbar dazu.

Mit herzlichem Schalom
Dein Pinchas

An Paulus von Tarsus

Lieber Paulus,
gestern sprach ich mit einem Gastsassen – heute nennt man sie Gastarbeiter – aus Deiner Vaterstadt Tarsus, die jetzt zu einem Land gehört, das man die Türkei benennt. Ich muß Dir berichten, daß Deine Stadt an sich so gut wie bedeutungslos geworden ist. Allerdings steht und fällt sie mit der touristischen Vermarktung des Gedenkens an Dich! Es gibt jetzt traumhafte Reisemöglichkeiten, nicht nur mit den Dir vertrauten Reittieren und Kutschen, sondern auch mit Dampfmaschinen und Luftschiffen. Si habuisses ... Wenn Du nur die Hälfte dieser Verkehrsmittel zur Verfügung gehabt hättest, wen hättest Du nicht alles für den Gott Israels missioniert?! Auf diesem Gebiet gibt es auch heute noch eine Menge Aktivisten im christlichen Lager. Aber das Missionsgeschäft steckt in einer schweren Krise. Jahrhundertelang haben sie – auch in Deinem Namen – mit Feuer und Schwert bekehrt, heutzutage aber haben Götzen aller Art wieder die Oberhand gewonnen.

Und dennoch: In jeder Stadt des Abendlandes gibt es Gebets-Paläste, die man »Kathedralen« nennt. Sehr oft tragen sie Deinen Namen. Und jetzt höre und staune: Heilig haben sie Dich gesprochen! Aber die größte Überraschung blüht Dir noch. Vielerorts hat man Dich und Deinen Erzkonkurrenten Petrus, den alten Fischermann, zusammengekoppelt und die Kathedrale dann auf St. Peter und St. Paul getauft! Leider aber kann man nicht behaupten, daß diese Bethäuser (ganz wie unsere Synagogen) von Betern überlaufen sind, obwohl die Innenausstattung auf hohem künstlerischen Niveau steht. Es wimmelt nur so von Statuen und Gemälden von Dir, obwohl Du und ich wissen, daß »Du Dir kein Bildnis machen sollst«, wie es in den »Zehn Geboten« heißt.

Diese »Zehn Gebote« sind so ungefähr das einzige, was allen Hunderten von christlichen Konfessionen im Prinzip gemeinsam geblieben ist. Gepredigt wird in den Kirchen häufig unter Bezugnahme auf Dich, wobei es so manchem Pfarrer ergeht wie Dir in Troas, als Eutychos während Deiner Predigt eingeschlafen ist. Allerdings gab es seither erfreulicherweise keinen Fall mehr, wo einer wie er dabei zum Fenster herunterfiel und »seinen Tod fand« (Apg 20,9–11). Welch ein Glück! Denn etliche der heutigen Pfarrer tun sich mit langweiligen Predigten oft leicht; aber die Wiederbelebung von Toten will ihnen nicht so recht gelingen – wie Dir damals bei Eutychos.

Von all Deinen vielen Reisen hat Dein Besuch in Korinth wohl die schwerwiegendsten Folgen für alle christlichen Frauen. Die Männer beziehen sich nämlich mit Genugtuung auf Deinen Aufschrei: »Das Weib schweige in der Kirche!« (1 Kor 14,34) Ich bin der Meinung, daß Du nie die Absicht hattest – wegen Deines Ärgers mit ein paar Frauen in Korinth –, für alle Orte und Zeiten den Frauen das Wort in der Kirche zu verbieten. Doch da hast Du es! So ergeht es einem, wenn man als Heiliger ständig beim Wort genommen wird.

Nicht viel hat gefehlt, und man hätte Deinen Mantel und die paar Bücher, die Du in Troas vergessen hast (2 Tim 10,13), zu heiligen Reliquien erklärt und ihnen einen Schrein gebaut. Doch trotz Deiner Popularität bist und bleibst Du eine der mißverstandensten Gestalten des Neuen Testaments. Dieses ist noch obendrein häufig falsch übersetzt worden. Ich habe festgestellt, daß es sich dabei teils um fehlerhafte Übertragungen Deiner oft markigen Aussprüche handelt, aber genausooft auch um »Hinein-Lesungen« in den Text von seiten etlicher Christen, die eigentlich »Paulinisten« heißen sollten. Im übrigen hast Du ja nie auf Deinen schönen Königsnamen SCHAUL verzichtet, sondern Dir lediglich den Parallelnamen Paulus für Deine Reisen in der Heidenwelt zugelegt. Ähnlich verfahren viele fromme Juden bis auf den heutigen Tag. Traurig stimmt mich aber das deutsche Sprichwort: »EIN SAULUS WURDE ZU PAULUS« – will sagen: Ein Verbrecher wurde anständig! Das hast Du wirklich nicht verdient!

Laß uns zu Deinem Damaskuserlebnis kommen. Alle Welt spricht von Deiner angeblichen dortigen *Bekehrung*. Ich aber frage Dich: Von wo und wohin soll diese Bekehrung eigentlich stattgefunden haben? Wo doch das Wort »Bekehrung« im Zusammenhang mit Deinem Erlebnis überhaupt nicht vorkommt? Mehr noch: Du verwendest diesen Ausdruck in *keinem* Deiner Briefe, was für mich Bände spricht! Was also geschah dort auf der Straße nach Damaskus? Du sagst ja selbst, Gott habe Dich »durch seine Gnade *berufen* und Dir eine Mission an die Heiden gegeben« (Gal 1,15-16).

An Deinem gläubigen Judesein hat also diese *Berufung* nicht das geringste geändert, auch wenn Du Jesus von Nazareth für den Messias Israels gehalten hast! Schließlich glaubte ja auch der große Rabbi Akiba um das Jahr 133, daß ein gewisser Bar-Kochba der Messias Israels sei. Bar-Kochba ist leider auch gescheitert, und Rabbi Akiba, der sich also geirrt hatte, wurde genau wie Du von den Römern zu Tode gefoltert. Als großer Jude und Lehrer gilt er bis auf den heutigen Tag. Zwischen Akiba und Dir bestehen allerdings erhebliche theologische Differenzen, die Du vielleicht im Laufe der Jahrhunderte im Jenseits mit ihm persönlich durchdebattieren konntest. So hast Du z. B. Deinen Messias auch als »Sohn Gottes« verkündigt, was Akiba mit Bar-Kochba nie getan hat. Es stimmt doch, daß Du den »Sohn Gottes« in der *hebräischen* Bedeutung im Sinne hattest, wie Du es bei Deinem Lehrer Rabban Gamaliel gelernt hast? Damit hast Du keinen Verstoß gegen das Judentum begangen, da ja dieser Begriff jemanden bezeichnet, der makellos in den Wegen der Tora wandelt. Genauso hat es auch Rabbi Jesus in seiner Bergpredigt ausgedrückt (Mt 5,45). Erst als dieser Begriff ins Griechische übertragen wurde, bekam er den im heutigen Christentum geläufigen, ganz anderen Sinn. Wie Du merkst, habe ich mich ganz intensiv mit Dir und Deinem Werk befaßt.

Streitbar und umstritten warst Du ja zeitlebens, wie wir aus Deinen Briefen leicht entnehmen können, wo Du Deine diversen Gegner ganz wüst und unheilig beschimpfst: als »Tempelräuber und Ehebrecher« (Röm 2,22 f.), als »Zerschnittene und Kastraten« (Gal 5,12), als »Lügner« (1 Tim 1,10) und manches andere mehr. Ich verteidige Dich, so gut es geht, indem ich diese Wutausbrüche Deinem orientalischen Temperament und Deinem Missionseifer zuschreibe. Besonders fasziniert mich Dein Dauerzwist mit Deinem Kollegen Simon Kepha, der nun als Petrus ebenfalls weltberühmt ist und genau wie Du als »heilig« verehrt wird. Ich will Dich nicht aufregen, aber mir scheint, daß er es noch ein Stückchen weitergebracht hat als Du, indem er und seine Nachfolger zu Stellvertretern Eures Rabbis für alle Zeiten ernannt wurden.

Weit gebracht habt Ihr zwei Juden es jedenfalls! Mir ist es klar, daß Du in der Debatte mit der Urgemeinde im Hintertreffen bleiben mußtest, weil Du den irdischen Jesus selbst persönlich nie gekannt hast. Die anderen aber zogen mit ihm jahrelang durch das Land und konnten seine Lehren mehr oder weniger auswendig zitieren. Ist es denkbar, lieber Paulus, daß Du deshalb den nachösterlichen Jesus so häufig hervorhebst und dem irdischen bzw. historischen Jesus nur die zweite Geige überläßt? Über anderthalb Jahrtausende ging die Kirche diesbezüglich in Deinen Fußstapfen und entdeckt erst jetzt wieder den irdischen Rabbi Jesus, der ja als Jude geboren, beschnitten und erzogen wurde und zeit seines Lebens dem Glauben seiner Väter die Treue hielt, bis er für sein Volk und seinen Glauben von den Römern ans Kreuz geschlagen wurde.

Wir lesen im Neuen Testament, daß Du auf all Deinen Reisen immer zunächst in die Synagogen vor Ort gingst und danach zu den »Gottesfürchtigen«. Du wirst entsetzt sein zu erfahren, daß man heute kaum mehr weiß, *wer* diese Leute waren. Aus unserer jüdischen Überlieferung kennen wir sie aber recht gut als Menschen, die schon zu Deiner Zeit im ganzen Mittelmeerraum dem Götzendienst abgeschworen hatten, unterwegs zum Judentum waren und die »Sieben Noachidischen Grundgebote« bereits auf sich genommen hatten. Nur ein einziges Mal gingst Du aber, nämlich in Athen, zu Vollheiden, um ihnen zu predigen. Im Vertrauen gesagt: Ich werde es nicht weitererzählen, daß Du dort nur sehr geringen Erfolg hattest (Apg 17,16ff.). Können wir also davon ausgehen, daß Dein Anliegen eigentlich die Verbreitung einer Art von Reformjudentum – mit Jesus als Messias – war? Jesus selbst, wie Du sicher weißt, wollte ja nie, bis auf wenige Ausnahmen, zu den Heiden gehen (Mt 15,24) und war ein ausgesprochener Tora-Verschärfer.

Apropos, hast Du je die hebräische Urschrift der Evangelien gesehen? Uns sind leider nur spätere griechische Übersetzungen erhalten geblieben, die zwischen den Jahren 70 und 100 niedergeschrieben wurden, also lange nach Deinem Tod. Ich plage mich seit geraumer Zeit sehr, mehrere grobe Übersetzungsfehler aufzuklären, die im Laufe der Jahrhunderte zu bösen Vorurteilen, ja sogar zu Verfolgungen von seiten der Christen gegen Deine und meine Brüder und Schwestern geführt haben. Demnächst werde ich Dir über drei Dutzend Beispiele dieser Art unterbreiten.

Zurück zu Deiner *Sendung* im Mittelmeerraum. Erstens: Ohne das *kleine* JA zu Jesus als Messias von etlichen Tausenden von Juden, die ihn begeistert annahmen, einerseits und ohne das *große* NEIN der meisten Juden andererseits, die ihn zwar als Lehrer, als Prophet oder als Rabbi liebten und schätzten, ihn aber nicht als Messias in einer so unerlösten Welt anerkennen konnten, wärst Du wohl nie auf Deine Missionsreisen in die halbe Welt gegangen. Oder irre ich da? Oder wärst Du auf jeden Fall gegangen, da zwischen Dir und der Jerusalemer Urgemeinde unter der Führung von Petrus und Jakobus die Spannungen doch recht unerträglich geworden waren? Zweitens: Die große Katastrophe der Zerstörung Jerusalems und die Vertreibung der Juden durch die Römer geschah im Jahre 70 nach neuer Zeitrechnung lange nach Deinem Ableben. Da konnte man keinen jüdischen Messias am Römerkreuz mehr im römischen Weltreich verkündigen.

Da bekanntlich in jenen Kriegswirren auch die Jerusalemer Urgemeinde verschollen ist, wurde der Mittelmeerraum allmählich ein heidenchristliches Gebiet. Hast Du Dir das so vorgestellt? In der Rückschau darf man annehmen, daß ohne die Zerstörung Jerusalems dieselben Heiden zu Judenchristen oder zu halbjüdischen Jesuanern geworden wären. Fest steht, daß zu Jesu Lebzeiten seine ganze Bewegung innerjüdisch und toratreu war und geblieben ist.

Das Heidenchristentum aber hat sich inzwischen vom jüdischen Glauben Jesu abgesetzt, hat eine Menge von Heiden in aller Welt missioniert, sich selbständig gemacht und unter dem Namen »Christentum« die halbe Welt erobert. Nicht wenige dieser Christen hegten im Laufe der Jahrhunderte eine ganz unbiblische Schadenfreude über die Zerstörung Jerusalems, die sie als Strafe Gottes für die jüdische »Ablehnung« Jesu deuten wollten. Könntest Du da nicht einmal mit einem großen Donner dazwischenfahren und daran erinnern, daß alle Propheten Israel gerügt und gemahnt und mit Tempelzerstörung gedroht hatten – aus Sorge und Kummer wegen seiner gelegentlichen Sünden? Dieselben Propheten – Jesus und auch Du – betonen aber immer wieder auch die ungekündigten Gnadenbünde desselben Gottes mit demselben Volke Israel, was von besagten Christen gerne unter den theologischen Teppich gekehrt wird!

Zu einem anderen Thema, lieber Paulus! Jahrhundertelang hat man Dich im Judentum verketzert oder totgeschwiegen, während Christen alles dazu taten, um Dich – der Du Dich als »Jude« (Apg 22,3), als »Hebräer« (Apg 26,5) und als »Pharisäer« (2 Kor 11,22) zu erkennen gabst – Deinem Volke zu entfremden! Genauso haben sie es ja auch mit Jesus von Nazaret getan. Erst in unseren Tagen kommt es zu »Heimholungsversuchen« des Nazareners, der meiner Meinung nach nie fortgegangen war, in sein Judentum. Ebenso beginnt ein keimendes Verstehen unter Juden für Deine oft widersprüchlichen Anliegen. Das fällt heutzutage leichter, weil es jetzt einerseits wieder einen Judenstaat gibt und eine weltweite Diaspora andererseits – ganz wie in Deinen Tagen. Schade, daß Du die großen jüdischen Reformsynagogen in Amerika nicht besuchen kannst; ich glaube, Du würdest Dich dort ganz zu Hause fühlen. Doch damit kein Mißverständnis zwischen uns aufkommt: Juden sind sie allemal geblieben, und an eine Vermischung von Judentum und Christentum denkt kein Mensch in beiden Lagern.

Ein Riesenhuhn hätte ich jedenfalls noch mit Dir zu rupfen: Deine sehr zwiespältige Einstellung zur Tora, die Du einerseits als »heilig und gerecht und gut« bis in den Himmel lobst (Röm 7,12), aber andererseits als »zur Sünde führend« (Röm 7,13) bezeichnest – und dann vom »Fluch des Gesetzes« (Gal 3,13) sprechen kannst. Zu guter Letzt aber beteuerst Du mit Nachdruck: »Heben wir durch den Glauben das Gesetz auf? Keineswegs, wir bringen das

Gesetz zur Geltung!« (Röm 3,31) Hast Du geahnt, mein lieber Benjaminite, daß die Christenheit, sich auf Dich beziehend, fast alle Gebote der Tora als nicht mehr gültig erklären würde? Diese Deine Zerrissenheit haben Juden nie verstehen können. Es sei denn, wie ich erwäge, daß Du beim Lob in der Tat die *Tora insgesamt* meintest, während Du bei der Abwertung des »Gesetzes«, wie Du es auf griechisch nennst, an *etliche Auslegungen* Deiner rabbinischen Kollegen dachtest, mit denen Du im Clinch warst. Diesen Fragen will ich demnächst nachgehen. Rabbinenstreit um der Auslegung willen übrigens gibt es bis auf den heutigen Tag in Hülle und Fülle; das Pech ist aber, daß Deine Schimpfworte von den Christen falsch verstanden, verabsolutiert und dann noch heiliggesprochen worden sind! Fest steht jedenfalls, daß Du den *Glauben Jesu* in einen *Glauben an Jesus* umfunktioniert hast. Hier, mein lieber Freund, ist vielleicht des Pudels Kern, der zum Auseinandergehen der Wege führen mußte!

Doch jetzt kommen wir zur Gretchenfrage: Wie hältst Du's mit den Frauen? Zu Antijudaismus, nämlich in gewissen feministischen Kreisen heute, hat Deine seltsame Einstellung zu den Töchtern Evas geführt. Wie konntest Du behaupten, daß die Frau »lediglich ein Abglanz des Mannes sei« (1 Kor 11,7) und daß »die Frauen sich unterordnen sollen« (1 Kor 14,34)? Weiterhin empfiehlst Du, »daß ein Mann keine Frau berühre« (1 Kor 7,1) und daß er »am besten nicht heirate« (1 Kor 7,7). Das ist längst nicht alles Negative, was Du über das »schwächere Geschlecht«, wie Du es nennst, zu sagen hast. Wärst Du so lieb, den Feministinnen, die uns Juden all diese Aussagen in die Schuhe schieben, vielleicht in einer kleinen Vision zum Beispiel klarzustellen, daß all dies *Dein eigenes Sondergut* ist, das keineswegs der Tora oder der rabbinischen Lehrmeinung entspringt.

Viel Kopfzerbrechen hat mir und anderen Dein Rat im Römerbrief (13,1–5) gemacht, blindlings *jeder* Obrigkeit untertan zu sein, da »sie von Gott komme«. Du kannst doch nicht gemeint haben, daß z. B. Polen sich nicht vom russischen Joch befreien dürfe oder daß man gegen Hitler keinen Widerstand hätte leisten sollen? Und was soll für die Befreiungstheologen Leonardo Boff, die Brüder Cardinale und viele andere in Lateinamerika gelten, die alle fromme Christen sind? Ich versuche Dich zu verstehen: Du hast für einen bestimmten Ort zu einer bestimmten Zeit geschrieben, nämlich für die junge, schwache Gemeinde in Rom zu Deinen Lebzeiten, die noch viel zu klein und unorganisiert war, um Widerstand gegen das Weltreich zu wagen. Du warst doch viel zu klug, um einen solch spezifischen Ratschlag für alle Orte und alle Zeiten verewigen zu wollen! Genau das aber hat die Kirche später mit diesen und Deinen anderen Worten getan.

Nach dieser Schelte laß mich nun gleich ein Bündel von Lanzen für Dich brechen. Was ich und viele andere mit mir Dir hoch anrechnen, ist, daß Du in Deinem letzten Brief, den man wohl als Dein Vermächtnis erachten darf, in Kapiteln 9–11 des Römerbriefes also, eindeutig festhältst, daß »alle Bündnisse« Gottes natürlich dem Volk Israel für immer gehören (Röm 9,4–5) und daß Gott sein Bundesvolk niemals »verstoßen noch verworfen hat« (Röm 11,1). Und nicht zuletzt, daß Gottes Berufung und Verheißungen an ganz Israel »unwiderruflich und unbereubar« sind und bleiben (Röm 11,29).

Obwohl der Rabbi von Nazaret viel mehr verstand von Ackerbau und Botanik als Du, der Du ja ein Stadtmensch warst, dessen Gleichnisse von Großstadtbildern wimmeln, gefällt mir immer wieder Dein mahnendes Gleichnis vom Baum und den Wurzeln: »Nicht Du trägst die Wurzel«, so schärfst Du den Heidenchristen ein, »sondern die Wurzel (Israel) trägt Dich (Röm 11,18). Ein Glück, lieber Rabbi von Tarsus, daß Du zwar vor Heiden kaum je gepredigt hast, dafür aber so wichtige Aussagen ihnen ins Stammbuch schriebst.

Was immer man Dir auch vorwerfen mag, bleibt es Dein unsterbliches Verdienst, daß Du – und später viele andere in Deinem Namen – die Botschaft vom Gott Israels in alle Ecken der Welt verbreitet hast. Wer weiß, ob ohne Deinen gewaltigen Einsatz die Leute hierzulande nicht heute noch dem Wotan und der Freya Pferdeopfer auf der Godesburg darbringen würden?

Lieber Paulus, der Brief wird bald zu lang. Dies war ja nur ein Gabelbissen aus dem Menü von Themen und Fragen, die ich liebend gern mit Dir erörtern möchte. Brennend interessiert mich auch folgender Fragenkatalog:

– Wie viele Christologen kanntest Du? Und welche davon würdest Du der heutigen Christenheit (als einigendes Band in ihrer Gespaltenheit) empfehlen?
– Was trieb Dich eigentlich »nach Arabien« (Gal 1,17), das ja zu Deiner Zeit eine fast unbewohnte Einöde war? Nach Rekonstruktion Deiner Missions- und Studienreisen glaube ich, diesem Reiseziel und Deinem Anliegen dort auf die Spur gekommen zu sein.
– Was meinst Du mit Deinem »Stachel im Fleisch« (2 Kor 12,7), den Du »des Satans Engel« benennst? (2 Kor 12,7) Ich mache mir da so meine Gedanken ...
– Warum hast Du Deinen Gehilfen Timotheus beschnitten (Apg 16,3), wo Du doch den Galatern verkündigst, daß »in Jesus weder Beschneidung noch Unbeschnittenheit etwas gelten« (Gal 5,6)? Hier ist ein Widerspruch, und außerdem muß ich Dir mitteilen, daß dieses Ereignis im Leben Jesu so wichtig für das ganze Abendland geworden ist, daß man das Neujahrsfest überall am 1. Januar feiert, nämlich am Tag seiner Beschneidung. Wohlgemerkt, nicht sein Geburtstag, der 24. Dezember, wurde also zum Tag der Jahreswende aller Christen.
– »Grüßet den Andronikus und den Junias, meine Stammverwandten ... welche berühmte Apostel sind und vor mir in Christus waren.« So schreibst Du im Römerbrief (16,7). Ich habe recherchiert und festgestellt, daß es im Griechischen keinen Männernamen *Junias* gibt, wohl aber einen Frauennamen *Junia*. Ist es denkbar, daß die spätere Männerkirche dieser *Apostolin* ein *S* angehängt hat, um sie zu vermännlichen? Meine Fragen: Waren Andronikus und Junia etwa gar ein apostolisches Ehepaar? Ferner: Gab es eventuell noch mehr *Apostolinnen*?
– Wie kommt es, daß weder der als Verräter verleumdete Judas noch der angebliche Prozeß Jesu vor dem Hohen Rat bei Dir auch nur mit einem Sterbenswörtchen Erwähnung finden? Hast Du nichts davon gehört? In Anbetracht der schwerwiegenden Folgen,

die der »Verrat« und der »Prozeß vor dem Synhedrion« bis heute zeitigen, finde ich Dein Schweigen sehr beredt!

Der Fragen ist kein Ende, wie Du siehst – *an Dich* und *über Dich*. Daher wird mir wohl nichts anderes übrigbleiben, als noch heute abend ein Dir gewidmetes Buch zu beginnen. Wie gefällt Dir der Titel: Paulus – Ketzer, Heiliger oder Rabbi? Das erste Exemplar werde ich Dir, Deo volente, per Apostelpost nach Tarsus senden. Da der Rabbi von Nazaret schon empfohlen hat: »Die Wahrheit macht Euch frei«, habe ich mir erlaubt, lieber Paulus, Deine himmlische Ruhe mit meiner Wißbegierde zu stören. Ich glaube, mich da in sehr guter Gesellschaft zu befinden, denn bereits im zweiten Petrusbrief des Neuen Testaments wird geklagt, daß »so manches in den Briefen des Paulus schwer verständlich sei« (2 Petr 3,16).

In herzlicher Verbundenheit
und mit brüderlichem Schalom
grüßt Dich
Dein Pinchas

III.
Des Pudels Kern ...

War Jesus ein Rebell?

In einer visionsarmen Zeit wie der unseren wird häufig gefragt: Hat die Kirche eine politische Aufgabe in dieser Welt? Oder sollte sie das doch besser den Staatsmännern und Diplomaten überlassen?

Haben die alten Propheten im biblischen Israel die Politik aus ihrem Interessenbereich ausgeklammert – oder nicht? Vor allem aber geht es den Nachdenklichen im Lande um den Nazarener: *Jesus war haushoch über alle Politik erhaben*, so behaupten viele konservative Christen, die ihre Kirche am liebsten aus allen irdischen Kontroversen heraushalten wollen. – *Jesus war durch und durch politisch gesinnt*, so behaupten hingegen viele unserer jüngeren Zeitgenossen. Mehr noch, so sagen sie, war er ja der geistige Begründer der Befreiungstheologie, der sich keineswegs scheute, seine Jünger aufzufordern, sich Schwerter zu kaufen, wie es in Lukas 22 nachzulesen ist. *Was ist also wahr?* War Jesus ein apolitischer Jenseitsprediger oder ein engagierter Heilspolitiker?

Die nüchterne Erörterung dieser Grundfrage – ohne Vorurteile noch vorgefaßter Meinungen – mag dem Juden leichter fallen als so manchem Christen! Warum? Die Antwort auf diese Frage kommt auch diesmal aus Rom: »Wer Jesus Christus begegnet, begegnet dem Judentum!« So sagte der Papst am 17.11.80 und fügte hinzu, er hoffe, daß sich alle Christen diese Einsicht zu eigen machen mögen. Der Rabbi von Nazaret war nicht nur dem Fleische nach ein frommer Jude, sondern auch in seiner Geisteswelt und in seinem Glaubensgut. Ein Mann, dessen Frohbotschaft vor allem für Juden im Lande Israel verkündet worden ist. Die unvermeidliche Schlußfolgerung aus diesem Tatbestand zog Martin Luther bereits 1529, als er schrieb: »Wenn ich jünger wär, so wollt ich die hebräische Sprach erlernen, denn ohne sie kann man die Schrift nimmer mehr recht verstehn. Denn das Neue Testament, obs wohl griechisch geschrieben ist, doch ist es voll von Ebraismus und ebräischer Art zu reden. Darum haben sie recht gesagt: Die Ebräer trinken aus der Bornquelle; die Griechen aber aus den

Wässerlin, die aus der Quelle fließen, die Lateinischen aber aus den Pfützen.« Soweit der Reformator aus Wittenberg.

In diesem Sinne will ich in dem letzten Kapitel das Evangelium gegen den griechischen Strich bürsten, um zur ältesten Schicht einer berühmten Episode aus dem Leben Jesu vorzustoßen – einem Text, der uns vielleicht zu helfen vermag, der Frage nach Jesu Einstellung zur Politik endlich gerecht zu werden. Hierbei ist es nötig, daß ich mich in die Umwelt und in die Lebenszeit Jesu versetze, in die historischen Umstände jenes Kaiserwortes, daß Jesus in dieser Deutung in den Mund gelegt wird, demgemäß man angeblich dem Kaiser geben soll, was des Kaisers ist, und Gott, was Gottes ist – ein Wort, das für die Geschichte der gesamten Christenheit so folgenschwer werden sollte, insbesondere in unserem Jahrhundert.

Wir sind im Frühjahr des Jahres 30 mitten im Herzen des jüdischen Jerusalems, das für ein Verständnis Jesu genauso wichtig ist wie das Weimar des 18. Jahrhunderts für ein Verständnis von Goethe. Wir gehen die Hauptstraße bergauf bis zur Ecke der Stadtmauer; wir biegen nach links und stehen nun auf dem Vorhof des Tempels, des zentralen Heiligtums des Einzigen Gottes. Die Protagonisten unseres Dramas stehen einander schroff gegenüber: die stolzen Sadduzäer, zu denen insgesamt an die vierzig Familien des Judentums zählten und die den Tempelkult verwalteten, die den aufmüpfigen Wanderprediger aus Nazaret bloßstellen wollen, da sie mit Recht seinen aufrührerischen Einfluß auf die große Schar seiner Gefolgsleute zu fürchten hatten. Vor ihnen steht der Nazarener, umringt von vielen Hunderten seiner jüdischen Freunde und Schüler, der in diesen Sadduzäerpriestern nichts anderes als Kollaborateure mit dem Heidentyrannen Pilatus sehen konnte, welcher das Volk Israel brutal unterjochte. Auf beiden Seiten des Vorhofes stehen die Tempelpolizei, ihre Spitzel und Aufpasser sowie die römischen Legionäre, um Ruhe, Ordnung und Unterwerfung – wenn nötig mit Waffengewalt – zu erzwingen. In diese innerjüdische Konfrontation hinein fällt nun wie ein Faustschlag die schlaue Frage eines Aufpassers: (Mt 22,15–22) »Rabbi, ist es uns erlaubt, dem Kaiser Steuer zu zahlen oder nicht?« Man merke den provokativen Wortlaut! Es war doch unumgehbare Bürgerpflicht, dem Kaiser Steuern zu zahlen, wie jedes Kind in Jerusalem wußte. Handelte es sich doch hierbei um die gefürchtete »Kopfsteuer«, die im Unterschied zur Grundsteuer, dem Maut sowie allen anderen Zöllen und Abgaben eine für alle Juden gültige Steuer war, und zwar als Grundlage zur wirtschaftlichen Plünderung des Landes, die allgemein als bedrückende Erinnerung an die Unterworfenheit Israels empfunden wurde.

Um uns heutigen eine blasse Ahnung von den rabiaten Steuereintreibungsmethoden jener fernen Zeiten zu vermitteln, hören wir die Beschreibung des Römers Lactantius über die Art und Weise des Zensus, von dem Lukas nur folgendes zu sagen hat: »Es begab sich aber in jenen Tagen, da erging ein Erlaß des Kaisers Augustus, den ganzen Erdkreis registrieren zu lassen. Diese Aufzeichnung war die erste ... und alle gingen hin, sich aufzeichnen zu lassen, ein jeder in seine Stadt.« (Lk 2,1 f.) Lactantius, der Kirchenvater, ist weniger zurückhaltend über das Verhalten seiner eigenen Landsleute: »Die römischen Steuerbeamten erschienen allerorts und brachten alles in Aufruhr. Die Äcker wurden Scholle für Scholle vermessen, jeder Weinstock und Obstbaum wurde gezählt, jedes Stück Vieh wurde registriert und die Kopfzahl der Menschen genau notiert. Überall hörte man das Schreien derer, die mit Folter und Stockschlägen verhört wurden. Man spielte Söhne gegen Väter aus, die Frauen gegen ihre Ehemänner ... Wenn alles durchprobiert war, folterte man die Steuerpflichtigen, bis sie gegen sich selbst aussagten. So schrieb man steuerpflichtigen Besitz auf, der gar nicht existierte (De Mortibus Persecutorum 23). So müssen wir uns jene »stille Nacht, heilige Nacht« vorstellen, in welcher Jesus als Sohn der Maria das Licht der Welt erblickte. Eine düstere Welt, voller Panik, Terror und Angst war es. Im jüdischen Schrifttum jener Tage hören wir ebenfalls von dieser Steuereintreibung, die als die Aussaugung des Landes berüchtigt war und die sich öfter wiederholte.

Um sie geht es in der doppelbödigen Fangfrage, deren absurde Ironie ins Auge sticht: Ist es uns Juden erlaubt, dem Kaiser Steuern zu zahlen oder nicht? Die Frage wird viel weniger absurd, wenn man sie auf ihren Ursprung zurückübersetzt. Denn das kleine Wörtlein »erlaubt«, das auf hebräisch eindeutig eine religionsgesetzliche Bedeutung hat, sollte ja eine negative Antwort Jesu herausfordern. Um so mehr, als Lukas diese Steuer »Tribut« benennt mit all dem besatzungspolitischen Beigeschmack, den dieses Wort für römische und jüdische Ohren haben mußte. »Tribut« bezieht sich auf das frevlerische Reich Rom, »das ungerechte Steuern auferlegt allen Völkern der Welt«, wie es im rabbinischen Schrifttum des öfteren damals heißt. Und diese Frage wurde in der heiligen Stadt vor dem heiligen Tempel gestellt, zur Zeit des Pessachfestes, als ganz Israel seine göttliche Befreiung aus Ägypten feierte, in einer gewittergeladenen und erlösungsträchtigen Atmosphäre, die förmlich nach Freiheit und Aufstand schrie.

»Er rief seine Landsleute zum Abfall auf und machte ihnen Vorwürfe, wenn sie den Römern geduldig Tribut zahlten und nächst Gott sich noch sterbliche Menschen als Herren gefallen ließen.« So hieß es von Judas Galiläus, der einige Jahre zuvor im Namen Gottes zum antirömischen Widerstand aufrief, als Jesus noch ein Knabe war. Konnte Jesus jetzt eine gotteslästerliche Unterwürfigkeit bejahen oder gutheißen? Gotteslästerlich – denn ungleich den Herodianern in Galiläa, die, der biblischen Bilderscheu gehorchend, keinerlei Bildnis auf ihren Münzen prägen ließen, brachte Pontius Pilatus seine Verachtung für den jüdischen Glauben u. a. dadurch zum Ausdruck, daß er in Judäa, die als römische Provinz ihre Steuern direkt »dem Kaiser« entrichtete, Provokationsmünzen prägen ließ, die mit ihrem Kaiserbild dem zweiten Gebot, dem Bilderverbot der Bibel, widersprachen.

Um den Hintergrund abzurunden, sei hier bemerkt: Während der dreihundert Jahre von den Makkabäern bis zum Untergang der jüdischen Unabhängigkeit unter Bar-Kochba (167 v. bis 135 n. Chr.) entfachten die Juden nicht weniger als zweiundsechzig Kriege, Aufstände und Rebellionen gegen das Heidenjoch der Griechen und der Römer. Sie gingen meist von Galiläa aus, und die Steuerverweigerung diente jedesmal als Fanal zum Aufstand.

Die Fangfrage, mit der Jesus konfrontiert war, ist nicht zu umgehen: Sagt er »*Ja*, es ist *erlaubt*, Steuern dem Kaiser zu bezahlen«, so ist er für sein Volk als feiger Kollaborateur entlarvt. Sagt Jesus »*Nein*, es ist *verboten*, dem Kaiser Steuern zu zahlen«, so gilt er für die Römer als Rebell, auf frischer Tat ertappt, der zum Gesetzesbruch aufwiegelt, und ist hiermit juridisch und politisch erledigt. Die Aufpasser hatten jedoch nicht mit Jesu Schlagfertigkeit gerechnet, dessen Leitwort »Seid klug wie die Schlangen und zugleich sanft wie die Tauben« hier in brillanter Weise demonstriert wird. Er läßt sich von dem Frager eine Münze mit dem Kaiserbildnis zeigen, womit er jeden der Anwesenden überzeugt, daß er selbst keine von diesen Heidenmünzen mit dem verhaßten Bildnis in Besitz hat. »Wessen Bildnis und Aufschrift – d. h. Besitzerklärung – sind diese«, wobei er auf die Münze, den Tiberiusdenar, deutet. »Des Kaisers«, ist die allgemeine Antwort. Darauf antwortet nun Jesus klar und eindeutig: »Gebt doch dem Kaiser *zurück*, was des Kaisers ist, und Gott, was Gottes ist!« – nicht »Gebt!« sagt Jesus, sondern »Gebt zurück!«, womit im Grunde ein Bruch mit der politischen Ordnung empfohlen wird. Im Klartext: Da nach römischem Münzrecht in der Tat dem Kaiser alle Münzen mit seinem Bild, die im Umlauf waren, als persönliches Eigentum gehörten, war Jesu Antwort auf Anhieb nüchtern und korrekt.

Nicht so aber für die anwesenden Juden. Sie verstanden ganz richtig: »Gebt dem Kaiser doch sein sündiges Geld *zurück* und benutzt es nicht, wie ich es Euch eben demonstrierte, auf daß Ihr Gott geben könnt, was Gottes ist, nämlich seine Alleinherrschaft der ganzen Schöpfung, ohne Heidentyrannei noch Götzendienst.« Die damaligen unterdrückten Juden verstanden die verschlüsselte Botschaft sehr wohl als eine Absage an die Okkupanten und ihre Kollaborateure.

Mit dem gleichzeitigen Aufruf: Gebt Gott, was Gottes ist, nämlich Eure Treue mit Leib und Leben, da sie von ihm kommen, ist Jesu Aussage Lichtjahre entfernt von der angeblichen *Zweireichelehre*, die fein säuberlich diese Welt teilen will zwischen dem Kaiser – auch wenn er ein braunes Hemd trüge – und Gott! Nichts war dem Nazarener ferner, der *alles* Gott geben wollte, auch, wenn nötig, das eigene Leben. In jenen Pessachtagen in Jerusalem waren Jesuworte für die Römer unanfechtbar, für die Juden hingegen ein deutliches Zeichen zum Aufbruch und zum passiven Widerstand – nämlich kein römisches Geld zu benutzen und zu besitzen. In der Folge wären auch keine römischen Tribute mehr zu zahlen.

Bestätigung für diese Deutung finden wir bei Lukas 23,2, wo Jesus vor Pilatus angeklagt wird: »... daß er das Volk aufwiegelt und ihm verbietet, dem Kaiser Steuer zu zahlen.« Als weiteren Beweis lesen wir mit großer Spannung in Mt 17 (24–27), eine Perikope, die in den meisten Bibelausgaben den Titel, der natürlich nicht zum Text gehört, *Die Tempelsteuer* trägt. Dort heißt es: »Als sie nach Kapharnaum gekommen waren, traten die Steuereinnehmer der Doppeldrachme an Petrus heran und fragten: »Zahlt Euer Meister die Doppeldrachme nicht?« (womit die Tempelsteuer gemeint ist). Der aber sagte: »Doch!« Hieraus ersehen wir, daß Jesus scheinbar im Verruf stand, die Steuer *nicht* zu zahlen, denn ansonsten hätten sie gefragt: »Wann zahlt er die Steuer?« oder: »Hat er sie schon gezahlt?« Hier muß richtiggestellt werden, daß es in Galiläa niemals *Tempelsteuer*eintreiber gegeben hat, sondern nur *Kaisersteuer*erheber, deren Hauptquartier sich in der Tat in Kapharnaum befand. Man will also insinuieren, daß Jesus die Tempelsteuer verweigerte, was keineswegs der Fall war. In der Folge lesen wir weiter aus dem Munde Jesu zu Petrus: »Doch damit wir ihnen (den Römern nämlich) keinen Anstoß geben, geh an den See, wirf die Angel aus und nimm den ersten Fisch, der herauskommt. Und wenn Du sein Maul öffnest, wirst Du einen *Stater* finden. Den nimm und gib ihnen für mich und Dich.«

Hieraus ersehen wir *erstens*, daß Jesus wiederum kein sündiges Geld bei sich hatte. *Zweitens:* Auch wenn der Fisch genügend Geld ausgespuckt haben sollte, hätte es nur für zwei Personen gereicht. Es stellt sich die Frage nach der Steuerzahlung der anderen elf Apostel, die, wie wir annehmen dürfen, immer zusammen mit Jesus unterwegs waren. Sie also bleiben ihre Steuer dem Kaiser schuldig?

Drittens: Man merkt die Absicht des Endredaktors des Evangeliums: Er will Jesus unbedingt als loyalen Steuerzahler an die Römer darstellen und zugleich als Tempelsteuerverweigerer verleumden! Daher die Verwechslung der Steuerbezeichnungen. *Viertens:*

Was diesen Drang zur Entpolitisierung Jesu entlarvt, ist jedoch die Stater-Münze in unserer Perikope, die es um das Jahr 30 schon seit zweihundert Jahren nicht mehr im Umlauf gegeben hatte! Der Kaisersteuereintreiber hätte sie nicht erkannt und nicht annehmen dürfen.

Wer Jesu Methode und Anliegen auf glänzende Art verstanden und in unserem Jahrhundert angewandt hat, ist Mahatma Ghandi in Indien. Er rief seine Landsleute auf, kein englisches Geld mehr anzunehmen und zu besitzen, ja zum Tauschhandel ihrer Vorväter zurückzukehren, so daß jede Steuerzahlung an die britische Okkupationsmacht sich hiermit erübrigte. Leider mußte er mit dem Leben für seinen gewaltlosen Widerstand bezahlen.

Zurück zu Jesus und seinen Jüngern. Jesus war sicherlich kein Bandenführer und auch kein Revolutionär im landläufigen Sinne des Wortes. Seine Aufrufe gegen die nackte Gewalt als politische Kampfmethode sind zu zahlreich dafür. Aber einer, der seinen Jüngern rät, ihren Mantel zu verkaufen, »auf daß sie ein Schwert kaufen können« (Lk 22,36), der ist ebensowenig ein Utopist wie ein weltfremder Pazifist. Ihm ging es dabei um die *Selbstverteidigung* und die *Notwehr* im Falle eines Angriffs bei ihrem beschwerlichen Aufstieg von Jericho nach Jerusalem. Daher leuchtet es ein, daß wahrscheinlich fünf von den zwölf Aposteln mehr oder weniger zelotische Neigungen besaßen: – die beiden Zäbedeus-Söhne, die mit den Spitznamen »die Donnersöhne« (Mk 3,17) nicht gerade den Eindruck von Wehrdienstverweigerern machen und deren bedeutsamster Auftritt im Neuen Testament durch ihr Zornwort beherrscht wird: »Herr, willst Du, daß wir sagen, Feuer soll vom Himmel fallen und diese Samariter verzehren?« (Lk 9,34)
– Judas Iskariot, dessen Beiname eine aramäische Verballhornung des lateinischen *sicarius*, der Dolchmann, bedeutet. So wurden die Aktivisten der Zeloten von den Römern benannt.
– Simon der »Kanaanäer« (Mk 3,18) stellt ebenfalls eine absichtliche Verzerrung der aramäischen Bezeichnung für Zeloten dar, nämlich *Kanaána*, das heißt Eiferer, also Zelot. Mit größter Wahrscheinlichkeit gab es zu Jesu Lebzeiten keine Kanaanäer im Lande Israel.

– Simon *Petrus*, der (Mt 16,17) den Beinamen *Barjona* erhält, spricht ebenfalls Bände, galt doch dieser Barjona im Aramäischen damals als »Außenseiter, Geächteter« oder als »vogelfrei«, ein landläufiges Schmähwort also für die Zeloten.

Daß zu Jesu Lebzeiten, genauer: in der letzten Woche seines Lebens, ein Aufstand in Jerusalem tobte, berichtet uns sogar das Neue Testament. In Mk 15,7 lesen wir: »Es war aber einer, benannt Barabbas, gefangen mit *den* Aufrührern, die bei *dem* Aufruhr einen Mord begangen hatten.« Es fällt uns der zweimalige Gebrauch des bestimmten Artikels *des* Aufruhrs auf, was auf einen allgemein bekannten Aufstand hinweist, und das zu der Zeit, als Jesus in Jerusalem war.

Dies führt uns sogleich hin zu der sogenannten *Tempelreinigung*, die Jesus laut allen vier Evangelien vorgenommen habe. Einige Tatsachen bedürfen hier der Aktualisierung um der Klarheit willen:

– Die Reinigung fand *nicht* im Tempel *selbst* statt, sondern im Vorhof. Dort war ein Markt der Geldwechsler und der Opfertierverkäufer. Wieso? Es gab längst vor Jesus und nach ihm eine weltweite jüdische Diaspora, deren Bewohner dreimal im Jahr die Möglichkeit hatten, nach Jerusalem zu wallfahren. Ihr fremdes Geld wurde im Tempelvorhof umgewechselt in Schekelmünzen, die ohne Bild zur Tempelsteuer geeignet waren. (Deshalb gerade finden wir übrigens zu Pfingsten – dem Wallfahrtsfest – so viele Juden aus aller Herren Länder in Jerusalem, von denen etliche das Pfingstwunder erlebten) (Apg 2).

– Jesus tritt in diesem, den Hohepriestern lebenswichtigen Bezirk mit Brachialgewalt auf, nämlich mit einer Geißel, was damals einer Waffe gleichkam.

– Er wußte genau, daß sein Handeln dort eine strafbare Provokation war, gegen die Römer *und* gegen die Hohepriester und zugleich ein Fanal für die Volksmenge, die ihm folgte.

– Gegen den Tempelkult als solchen und den Gottesdienst hat dieser Akt im Vorhof keinerlei Implikation gehabt. In unserer Gegenwart wäre das Bild so zu verstehen: Hans Küng oder ein anderer bedeutender Befreiungstheologe kommt auf den St. Petersplatz in Rom und vertreibt mit Gewalt alle dort wimmelnden Verkäufer von Papstbildern, Souvenirs, Weihwasserbehältern und die Schwarzmarkthändler. Die Reaktion der Vatikanbehörden und der römischen Polizei überlasse ich der Phantasie eines jeden einzelnen. Daß Jesus von Nazaret die Tempelzerstörung durch die Römer voraussagte, reiht ihn nahtlos ein in die Kette der Mahn- und Scheltredner, also der Propheten Israels, die ihr Volk so oft vor Fehlern und Sünden warnten, die zur Zerstörung des Heiligtums führen würden. Hier dürfen wir aber auch keinesfalls die vielen Trost- und Verheißungsworte der Propheten vergessen, die immer wieder zum Kern ihrer Botschaft gehören und die Unkündbarkeit der Bündnisse Gottes mit seinem Volk betonen. Auch hier reiht sich die Predigt Jesu nahtlos in die Verkündigung der Propheten ein. Fünfmal finden wir in den Evangelien das Jesuswort: »Nur der sein Kreuz zu tragen bereit ist, soll mir nachfolgen« (einmal bei MK, zweimal bei Mt und zweimal bei Lk). Dieses Wort wurde in der christlichen Tradition allegorisiert und jeder Lebensnähe entfremdet. Dem zeitgenössischen Judentum war es auf tragische Weise sehr nahe und geläufig. Leider ist es zu wenig bekannt, daß vor Jesus, mit Jesus und nach Jesus Tausende von Juden von den Römern gekreuzigt worden sind. Wenn also Jesus eventuelle Mitstreiter und Anhänger auf die Kreuzigung hinweist, so will er sie warnen, daß die Folge des Anschlusses an seine Bewegung die Kreuzigung sein könnte.

Eine faszinierende, rätselhafte Perikope ist Jesu Predigt in seiner Vaterstadt Nazaret, von der uns Lukas 4 berichtet. Wie wir aus den Evangelien wissen, ging Jesus allwöchentlich des Sabbats in eine Synagoge in Galiläa, um zu beten, zu lehren und zu predigen. Bis auf den heutigen Tag wird am Sabbat eine Prophetenlesung vorgetragen. An jenem Sabbat ging es um Jes 61, wo wir lesen: »daß die Gefangenen los sein sollen ... daß sie frei und ledig sein sollen«. Hier müssen wir bedenken, daß zu jener Zeit viele galiläische Juden in römischen Kerkern gefangen waren und mit ihren Angehörigen sehnlichst auf ihre Befreiung warteten. Bei dieser Gelegenheit fällt uns auf, daß wir von Joseph, dem Vater Jesu, seit der Barmitzwah Jesu in Jerusalem, also seit achtzehn Jahren, nichts mehr zu hören bekamen. Was war mit ihm geschehen? Es besteht Grund zur Annahme, daß auch er freiheitliche Bestrebungen hegte. Hätte er sonst seinen fünf Söhnen solch deutlich jüdisch-traditionell kämpferische Namen gegeben wie Jakob, Joseph, Judah, Simon und Jeschua? Allen Juden war jeder dieser Namen durch Assoziation mit den Makkabäern als Freiheitskämpfern vertraut.

Weiterhin stellt sich längst die Frage, warum Joseph damals mit seiner hochschwangeren Frau nach Bethlehem flüchtete, das Kind zunächst dort in einer »Höhle« (wie es in fünf sehr alten Evangeliumshandschriften bezeugt ist) verstecken mußte und danach mit Frau und Kind außer Landes nach Ägypten geflohen ist? Fragen über Fragen, auf die es nur spekulative Antworten geben kann. Da Joseph also seit achtzehn Jahren nach der Barmitzwah Jesu nicht mehr erwähnt wird, ist er vielleicht in römische Gefangenschaft geraten? In diesem Sinne könnte man die Frage eines der Synagogenvorsteher nach Jesu Lesung über die Gefangenenbefreiung verstehen: (Lk 4,22) »Ist das nicht Josephs Sohn?«, was andeuten will: Wo bleibt denn dann die Befreiung deines eigenen gefangenen Vaters, wenn Du uns so grandiose Befreiungen ankündigst? Darauf folgt Jesu betroffene Antwort: »Ihr werdet freilich zu mir sagen dies Sprichwort: Arzt, hilf Dir selber!« (Lk 4,23). Mit anderen Worten: Jesus gibt zu, vielen Leuten Befreiung zu verheißen, aber für seinen Vater, wonach ihn dessen Freunde zu Recht fragen, war er nicht imstande, die Befreiung zu erwirken. Resigniert hören wir dann noch aus seinem Munde: »Kein Prophet gilt etwas in seiner Vaterstadt« (Lk 4,24). Ein Wort, das auch heute nicht weniger Aussagekraft hat als damals!

Viele werden nun fragen, nachdem ich den Schwertkauf auf dem Weg nach Jerusalem im Auftrag Jesu erörtert habe (»Wer kein Schwert hat, verkaufe seinen Mantel und kaufe ein Schwert!« Lk 22,36): Wieso sagt derselbe Jesus in Gethsemane kurz danach zu Petrus: »Stecke das Schwert zurück in die Scheide?« (Joh 18,11). Jesus bleibt sich selber treu und widerspricht sich keineswegs, obwohl es auf dem Papier so scheinen mag. Auf dem gefährlichen Weg nach Jerusalem braucht die Gruppe Schwerter zur Selbstverteidigung. Hier muß bemerkt werden, daß schon der Besitz eines Schwertes auch ohne Verwendung nach römischem Gesetz für damalige Juden todessträflich war! Dies also verantwortet Jesus beim Aufstieg nach Jerusalem um des Lebens willen! Jenes Gebiet, das sie durchqueren mußten, war nämlich sprichwörtlich bekannt als Schlupfwinkel aller Wegelagerer, Zeloten und römischer Deserteure. In Gethsemane hingegen erzählt uns das Neue Testament selbst, daß die Schwerter bereits in Benutzung der Jünger waren, sonst wäre kein Ohr des Malchus abgehauen worden (Joh 18,10–12), ein Ohr, das wohl stellvertretend erwähnt wird für so manchen anderen verletzten Körperteil der Angehörigen der römischen Kohorte, die die Jünger verhaften sollte.

Wenn Jesus sagt: »Steckt die Schwerter zurück in die Scheide!« (Mt 26,52–53), wissen wir alle, daß die Schwerter bereits in Benutzung waren, was sowohl verboten als auch lebensgefährlich war.

Beide Schwertworte Jesu also – sowohl vom Schwertkauf als auch vom Schwertverzicht – waren zeitbedingt und ortsgebunden richtig und hatten ihre Berechtigung zum Wohl und zur Bewahrung des Lebens der ihm Anvertrauten, wenn auch unter ganz verschiedenen Umständen. Als es in Gethsemane hart auf hart ging und die Übermacht der Römer erdrückend wurde, wie wir aus Joh 18 wissen, wo wir erfahren, daß eine ganze römische Kohorte (d. h. etwa 600–800 Soldaten) unter dem Befehl eines Chiliarchos, d. h. eines Battaillonskommandeurs, gegen die Jesuaner eingesetzt wurde, entschließt sich Jesus, die Seinen zu retten, indem er ihnen befiehlt, die bereits gezückten Schwerter in die Scheiden zu stecken, und er sich selbst dem römischen Kommandeur ausliefert. Auch hier ist er sich selbst treu geblieben.

Noch ein Wort zu dem viel bemühten, mißverstandenen Jesuswort »Mein Reich ist nicht von dieser Welt!«. Jahrhundertelang wurde es als Rezept zur Weltflucht verkündigt, das alles Gute ins Jenseits verschiebt, um diese unsere Erde den Diktatoren und Tyrannen preiszugeben. Rückübersetzt in Jesu Muttersprache bedeutet es das Gegenteil: Mein Reich ist in der Tat göttlichen Ursprungs, nämlich die klarste Antithese zu allen Unterdrückern, wird aber auf dieser Erde verwirklicht werden, aber nicht im Jenseits und schon gar nicht zum Sankt-Nimmerleins-Tag. Es ist eine Trostverkündung, genau wie die Frohbotschaft insgesamt vom bevorstehenden Himmelreich, von der Erlösung und von der Freiheit, die seine Bibel, das Alte Testament, unermüdlich voraussagt und verkündigt. Da bekanntlich das häufigste Zeitwort im jesuanischen Sprachschatz das Wörtlein *tun* ist, müssen wir folgern, daß unter dem Segen Gottes unser Tun, unsere Mitarbeit auf diese Ziele hin unverzichtbar sind und bleiben. Wir können zusammenfassen: Auch in dem mißverstandenen, ja oft unter den Teppich gekehrten Gleichnis Jesu »Wenn ein Starker gerüstet sein Besitztum bewacht, so bleibt das Seine in Frieden« (Lk 11,21–22) finden wir wiederum sein Leitmotiv der Friedensstrategie, wie wir sie aus der Bergpredigt kennen. Die Strategie besteht aus der dreifachen Gliederung:

1. die Entfeindungsliebe durch einseitige Vorleistungen, die aber den Geber nicht schwächen dürfen.
2. maximale Nachgiebigkeit, die in der Demut und in Teilverzichten ihren Ausdruck findet bis hin zum Hinhalten der rechten Backe, wenn die andere geschlagen wird.
3. die Bereitschaft zur Selbstverteidigung und zur Notwehr, wenn es um das gottgeschenkte Leben geht.

Wir haben uns die Frage gestellt: War Jesus ein Rebell? *Nein* ist die Antwort, Jesus war weder ein Bandenführer noch ein Terrorist im heutigen landläufigen Sinn. Wohl aber war er ein dreifacher *Rebell der Gewaltlosigkeit*, der es wagte, sowohl gegen die brutale Römerherrschaft aufzutreten als sich auch gegen die Sadduzäer aufzulehnen, die mit dem grausamen römischen Okkupanten öffentlich kollaborierten. Zugleich rügte er auch die Kleingläubigkeit so mancher Landsleute, deren Vertrauen auf den Beistand des Gottes Israel auf dem Weg zum kommenden Himmelreich zu wanken drohte.

Denn wenn auch die Friedensvision der Bibel den Anbruch der Heilszeit Gottes Ratschluß überläßt, befreit sie uns alle keineswegs von der menschlichen Mitarbeit, um diese Heilszeit mit allen menschlichen Mitteln vorzubereiten. Dazu gehören aber auch die dem ausgewogenen Frieden förderlichen Schritte der Politik. Damit wir – mit Jesu Worten – keine Balken in den Augen anderer kritisieren und bei uns nur Splitter feststellen, sei daran erinnert, daß es in unserer Gesellschaft alle Prototypen, wie wir sie oben geschildert haben, noch immer gibt: die Diktatoren, die Kollaborateure und die Kleingläubigen auch. Für die Nöte unserer Zeit eignen sich die Richtlinien des Bergpredigers unverändert wie damals, indem sie einen großen Bogen spannen von Moses am Sinai über König David in Jerusalem und die Propheten im alten Israel bis zu unseren Sorgen heutzutage.

Anton Mayer

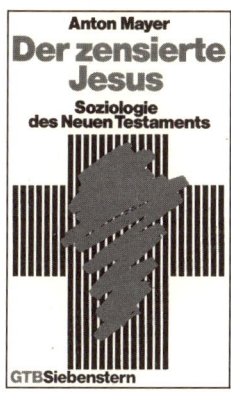

Der zensierte Jesus

Soziologie des Neuen Testaments. Mit einem Geleitwort von Norbert Greinacher. 320 Seiten. Originalausgabe. (GTB 1412)

Wie konnte es im Christentum zur Ausbildung von Sexismus, Antisemitismus und Kapitalismus kommen, wie zur Minderbewertung der Frau und zur rücksichtslosen Ausbeutung des Menschen und der Natur? Anton Mayers Soziologie des Neuen Testaments, die die soziale Herkunft Jesu, die soziale Struktur seiner Redeweise und die politische Funktion seiner Religiosität analysiert, will Anstoß zur Diskussion und genaueren Untersuchung der Frage sein, warum sich das Christentum schon im Neuen Testament von seinem proletarischen Ursprung zu entfernen begonnen hat. Was der Soziologe beisteuert, ist eine Streitschrift im besten Sinne des Wortes, geschrieben mit einer leidenschaftlichen Parteilichkeit für die Armen, die den Glauben der Christen, die Kirche und die Theologie kritisch herausfordert.

Gütersloher Verlagshaus Gerd Mohn

Martin Koestler

Stirbt Jesus am Christentum?

Ein Plädoyer für die ursprüngliche Verkündigung Jesu. 192 Seiten.
(GTB 1417)

Von den Anfängen über die Spätantike und das Mittelalter bis hin in unsere aktuelle Situation ist das Christentum Jahrhunderte hindurch einen »Marsch durch die Institutionen« gegangen. Dieser kirchengeschichtliche Weg des Glaubens hat in theologischen Lehrmeinungen, kirchlichen Strukturen und individueller Frömmigkeit tiefgreifende Spuren eines vielschichtigen Traditionsprozesses hinterlassen. Dogmatische Verkrustungen und ideologische Einflüsse haben den ursprünglichen Glauben an Jesus von Nazareth problematisch überlagert und verfremdet.
Der Verfasser stellt die neutestamentlichen Textaussagen und den ursprünglichen Anspruch Jesu unter historischem Blickwinkel in einen grundlegenden Verständniszusammenhang.

Gütersloher Verlagshaus Gerd Mohn

Herbert Braun

Jesus – der Mann aus Nazareth und seine Zeit

Um 12 Kapitel erweiterte Ausgabe. 2. Auflage. 268 Seiten. (GTB 1422)

Herbert Brauns bekanntes und in viele Sprachen übersetztes Jesus-Buch liegt hiermit in einer wesentlich erweiterten Ausgabe vor. Bei den hinzugekommen 12 neuen Kapiteln handelt es sich um entscheidende Ergänzungen und Verstehenshilfen zur Gestalt und Botschaft Jesu aus der Sicht aktueller neutestamentlicher Forschung.

»Insgesamt stellt die auf dieses Weise erweiterte Ausgabe meines Buches den Versuch dar, den nichttheologischen Leser auf angemessene Weise mit Ergebnissen wissenschaftlicher Theologie vertraut zu machen, ohne dabei einer unerlaubten Vereinfachung der Probleme zu verfallen.«
(Herbert Braun)

Gütersloher Verlagshaus Gerd Mohn

Horst Georg Pöhlmann

Wer war Jesus von Nazareth?

6., völlig überarbeitete und erweiterte Neuauflage. 144 Seiten.
(GTB 1423)

Der Verfasser skizziert die wichtigsten Jesusbilder der Gegenwart, stellt ihre Eigenart heraus und konfrontiert sie mit dem Jesusbild des christlichen Glaubens. Der Leser wird gezwungen, sein bisheriges Jesusbild zu überprüfen – gleichgültig, ob er Christ oder Nichtchrist ist.

Aus dem Inhalt:
- Jesus, ein frommer Jude? Das jüdische Gottesbild
- Jesus, ein großer Mensch? Das humanistische Gottesbild
- Jesus, ein Sozialrevolutionär? Das marxistische Gottesbild
- Jesus, ein Antibürger? Das alternative Gottesbild
- Jesus, der ganzheitliche Mensch? Das feministische Gottesbild
- Jesus, Gottmensch und Erlöser? Das kirchliche Gottesbild

Gütersloher Verlagshaus Gerd Mohn

Texte zur Meditation

Die Mitte des Lebens: Jesus von Nazareth

Herausgegeben von Manfred Baumotte. 80 Seiten mit zahlreichen Fotos. Originalausgabe. (GTB 480)

Jesus von Nazareth ist der durch die Schriften des Neuen Testaments historisch bezeugte Stifter des Christentums. Wer war er? Was wollte er? Was brachte er? Zentrale Texte aus den vier Evangelien zeigen Gestalt und Botschaft Jesu im Zusammenhang seiner Zeit – als Herausforderung für unsere Zeit. Die meditativen Fotos sind eine Ergänzung zu den informativen Texten.

Gütersloher Verlagshaus Gerd Mohn

Pinchas Lapide

Taschenbücher in »GTB Siebenstern«:

Er predigte in ihren Synagogen
Jüdische Evangelienauslegung. 5. Auflage. 102 Seiten. (GTB 1400)

Ist das nicht Josephs Sohn?
Jesus im heutigen Judentum. 3. Auflage. 167 Seiten. (GTB 1408)

Er wandelte nicht auf dem Meer
Ein jüdischer Theologe liest die Evangelien. 2. Auflage. 126 Seiten. (GTB 1410)

Am Scheitern hoffen lernen
Erfahrungen jüdischen Glaubens für heutige Christen. 2. Auflage. 112 Seiten. (GTB 1413)

Ist die Bibel richtig übersetzt?
3. Auflage. 144 Seiten. (GTB 1415)

Wer war schuld an Jesu Tod?
2. Auflage. 123 Seiten. (GTB 1419)

Glauben, wissen oder zweifeln?
96 Seiten. (GTB 1420)

Warum kommt er nicht?
Jüdische Evangelienauslegung. 122 Seiten. (GTB 1421)

Paulus – Ketzer, Heiliger oder Rabbi?
128 Seiten. (GTB 1425)

Gütersloher Verlagshaus Gerd Mohn